SHANGHAI
STRASSENKÜCHEN

SHANGHAI STRASSENKÜCHEN

MENSCHEN, IHRE GESCHICHTEN UND REZEPTE

JULIA DAUTEL NICOLE KELLER

AT Verlag

3. Auflage, 2015

AT Verlag, Aarau und München
Texte: Julia Dautel, Hamburg
Fotografie und Layout: Nicole Keller, Hamburg
Lektorat: Asta Machat, München
Druck und Bindearbeiten: Printer Trento, Trento
Printed in Italy

ISBN 978-3-03800-716-6

www.at-verlag.ch

INHALT

WAS MACHT EINE STADT AUS?

>>> Ist es die Architektur? Ihre Geschichte und ihre Träume für die Zukunft? Klänge, Gerüche, die Beschaffenheit der Luft? Oder ist es ihre Kultur, die sich in ihrer Kunst, ihren kulinarischen Errungenschaften und täglichen Ritualen manifestiert?

Die Antwort ist vermutlich eine komplexe Mischung aus alldem und mehr als das. Besonders zutreffend ist eine solche Charakterisierung im Fall von Shanghai. Im weltweiten Vergleich der Metropolen mit nur wenigen klassischen Sehenswürdigkeiten gesegnet, offenbart sich die ostchinesische Großstadt dem Besucher am ehesten bei einem Spaziergang durch ihre kleinen Gassen, die abgeschiedenen Hinterhöfe und im Kontrast dazu die imposanten kolonialzeitlich oder sozialistisch geprägten Straßenzüge. Am Ende eines jeden Spaziergangs steht dabei ein Besuch in einer der zahlreichen Garküchen oder an einem der Snackstände am Straßenrand – die häufig auf den ersten Blick alles andere als einladend wirken. Hier erlebt der Besucher, der sich darauf einlässt, eine frische, herzhafte und einfache Küche, die meilenweit entfernt ist von den europäisierten China-Restaurants, die er von zu Hause kennen mag.

Versuchen Sie ein frisch gedämpftes Baozi, nehmen Sie Platz und kosten Sie von den scharf gebratenen Knoblauchbohnen, sehen Sie zu, wie die Nudeln direkt vor Ihren Augen frisch zubereitet werden. Vielleicht wagen Sie sogar eine Kostprobe von dem stinkenden fermentierten Tofu? Sind Sie in einer Gruppe unterwegs, bestellen Sie die Gerichte nach chinesischer Tradition »für die Mitte des Tisches« und bedienen Sie sich von allem! Lehnen Sie sich zurück und schauen Sie dem geschäftigen Treiben eine Weile zu.

Stellen Sie jedoch sicher, dass Ihre erste Reise durch Shanghais Garküchen bald beginnt: Die rasante Entwicklung der Stadt führt zu einer graduellen »Säuberung« der Straßen. Steigende Mieten im Herzen der Stadt und neue Gastgewerbegesetze vertreiben diese Garanten einer bunten und vielfältigen Straßenkultur an die Ränder der Stadt und ebnen den Weg für internationale Ketten und schick designte europäische Restaurants.

Dieses Buch möchte Ihre Aufmerksamkeit auf die kleinen unscheinbaren Orte in den alten Shanghaier Straßen lenken, Ihnen die Geschichten ihrer Betreiber, ihre Träume und Hoffnungen erzählen. Schauen Sie ihnen bei ihrer täglichen Arbeit zu, genießen Sie die Hausmannskost und erfahren Sie, wie Sie die Gerichte einfach und schnell zu Hause nachkochen können.

Wir laden Sie ein, Shanghai intensiv zu erleben: mit Ihrer Neugier, Ihren Augen und Ohren, Ihrem Geruchssinn und natürlich Ihren Geschmacksknospen.

Viel Spaß dabei!

GEBRAUCHSANWEISUNG

STRASSENKÜCHEN

Von dem wackeligen Stand am Straßenrand, an dem in einer alten Öltonne Süßkartoffeln geröstet werden, bis hin zu einem eigenen kleinen Raum mit Tischen und Plastikstühlen reicht die Bandbreite der in diesem Buch porträtierten Betriebe. Ihnen allen ist gemeinsam: Sie finden sich am Straßenrand belebter Viertel, bereiten täglich frische Alltagsküche zu, werden in der Regel von Zugezogenen betrieben, und ihr Angebot ist für die Anwohner der Umgebung leicht erschwinglich. In diesem Sinne gehen wir hier von einem etwas erweiterten Begriff der Straßenküche aus.

VORURTEILE GEGENÜBER DER CHINESISCHEN KÜCHE

Sprechen Europäer über die chinesische Küche, fallen schnell Begriffe wie »Hühnerfüße«, »Rattenfleisch« und »Affenhirn«. In der Tat werden in einigen Regionen Chinas Zutaten verwendet, an die wir in Europa nicht gewöhnt sind, dazu zählt auch Hunde- und Katzenfleisch. Diese Gerichte sind aber grundsätzlich der Delikatessenküche vorbehalten und relativ hochpreisig. In der chinesischen Alltagsküche und insbesondere in der in diesem Buch porträtierten Straßenküche werden solche kostspieligen Zutaten nicht verwendet. Sie werden hier also eine einfache, frische und gleichzeitig besondere Küche kennenlernen, die dem Genießer aus dem Westen keinerlei Überwindung abverlangt, sondern ihn im Gegenteil durch ihre Originalität begeistert.

HYGIENE

Wer von chinesischen Straßenküchen schwärmt, hört immer wieder die gleichen besorgten Fragen: »Ist das denn sauber? Holt man sich da auch nichts?« Neben Ausländern sind es oft auch wohlhabendere Chinesen, die entrüstet ablehnen, schlägt man ihnen einen Snack am Straßenrand vor. Warnende Artikel der regierungsnahen chinesischen Presse, deren eigentliches Interesse die graduelle »Säuberung« der Städte ist, tun ein Übriges.

Dazu können wir nur sagen: Trauen Sie sich! Schauen Sie sich die Straßenstände an: Ist dort viel Betrieb? Stehen die Kunden Schlange? Wird alles frisch zubereitet? In der Regel ist dies so. Die Händler kaufen morgens die Zutaten frisch ein und schließen am Abend erst dann, wenn alles verkauft ist. So ist alles, was sie anbieten, immer frisch, und nichts wird gelagert. Wir haben uns in China übrigens nur ein einziges Mal den Magen verdorben: als Freunde darauf bestanden, mit uns in einer internationalen Fast-Food-Kette zu essen.

LAGE DER STRASSENKÜCHEN

Leider sorgt die rasante Entwicklung Shanghais dafür, dass wir bei keinem der Straßenstände sicher sein können, dass er morgen noch da ist. Dewegen haben wir uns entschieden, die Lage der porträtierten Orte nur grob anzugeben, um Ihnen verzweifeltes Suchen zu ersparen. Derzeit gibt es aber überall in der Stadt noch Straßenküchen, die mit den hier vorgestellten vergleichbar sind. Nehmen Sie dieses Buch also als Anregung, ähnliche Orte aufzusuchen. Das Angebot ist überall relativ ähnlich. Sie können einfach das Rezepteregister des Buches kopieren und auf Ihre Reise mitnehmen. Vor Ort zeigen Sie einfach auf die chinesischen Schriftzeichen im Register – und genießen!

PERSONENANZAHL PRO GERICHT

In China wird geteilt. Die europäische Gewohnheit, ein Gericht für sich allein zu bestellen, kennt man hier kaum. Ein schneller Teller Nudeln oder ein Snack auf die Hand wird zwar auch in China gern allein genossen. Doch sobald man in einer Gruppe unterwegs ist, wird »für die Mitte des Tisches« bestellt. Schnell stapeln sich Teller und Schälchen, und von allen Seiten des Tisches wird mit den Stäbchen zugelangt. An seinem Platz hat man nur ein kleines Schälchen für Reis oder Suppe und eventuell einen kleinen Teller für Abfälle. Das Gefühl, das falsche Gericht bestellt zu haben und eigentlich doch lieber das des Nachbarn zu wollen, kommt in China also gar nicht erst auf. Alle essen alles, und es lässt sich hinterher schwer feststellen, wie viel man eigentlich gegessen hat.

Aus diesem Grund verzichten wir darauf anzugeben, für wie viele Personen das jeweilige Gericht gedacht ist. Es hängt schlicht davon ab, wie viele Gerichte Sie insgesamt servieren. Kochen Sie eine Suppe als einzelnes Gericht, mag sie nur vier Personen sättigen. Servieren Sie sie aber in chinesischer Manier mit verschiedenen anderen Gerichten, reicht sie möglicherweise für 10 Personen. Schauen Sie sich einfach die Menge der Zutaten an und schätzen selbst ab, ob Ihre Gäste davon satt werden. Grundsätzlich gilt in China: Lieber zu viel kochen als zu wenig.

ZUTATEN

Viele der erwähnten Zutaten finden sich mittlerweile auch im gut sortierten Supermarkt, für einige aber müssen Sie einen Asiashop aufsuchen. Bei allen angegebenen Zutaten haben wir jedoch darauf geachtet, dass sie in Europa erhältlich sind.

雪峰酵母
YEAST
雪峰

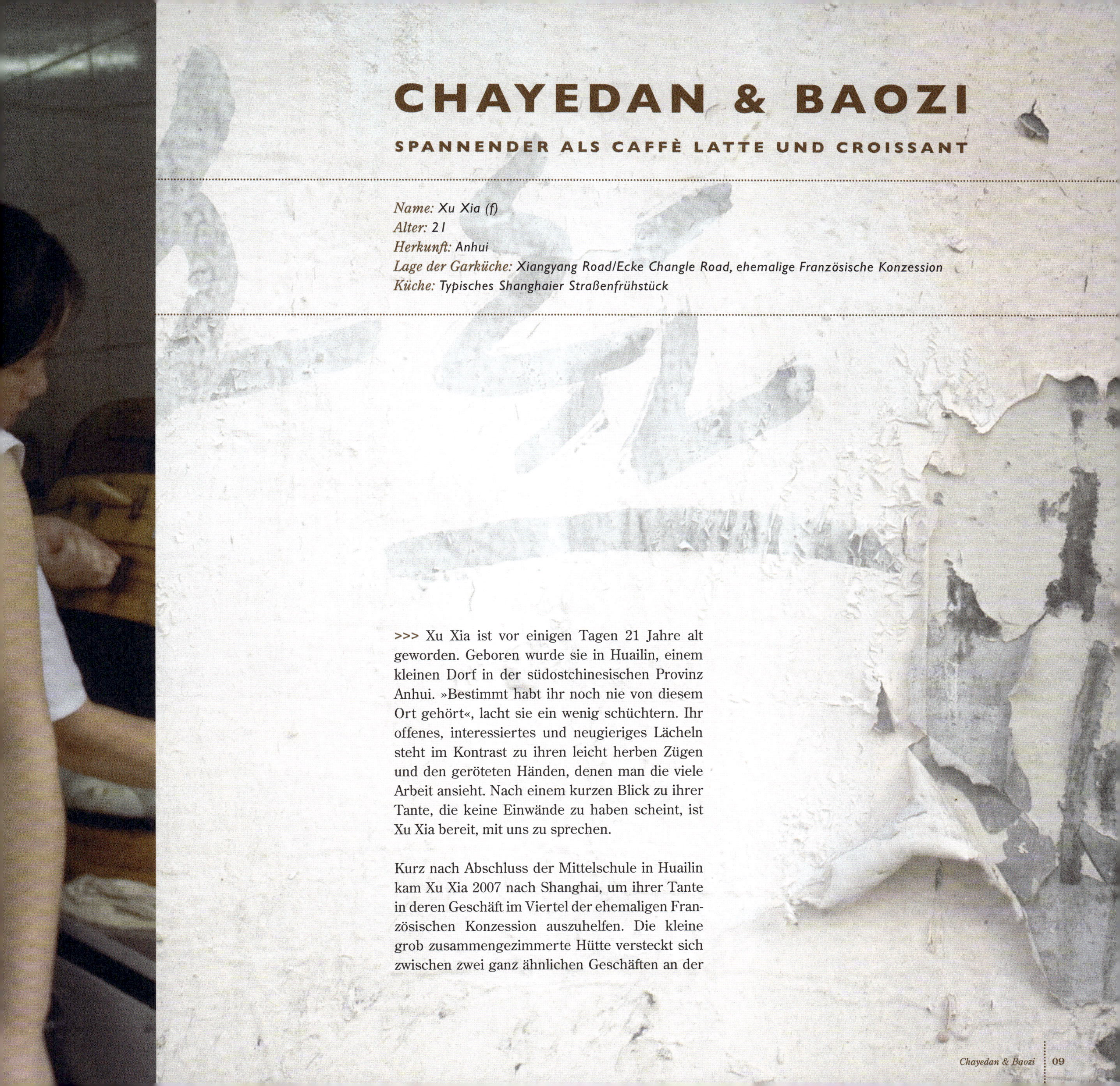

CHAYEDAN & BAOZI

SPANNENDER ALS CAFFÈ LATTE UND CROISSANT

Name: Xu Xia (f)
Alter: 21
Herkunft: Anhui
Lage der Garküche: Xiangyang Road/Ecke Changle Road, ehemalige Französische Konzession
Küche: Typisches Shanghaier Straßenfrühstück

>>> Xu Xia ist vor einigen Tagen 21 Jahre alt geworden. Geboren wurde sie in Huailin, einem kleinen Dorf in der südostchinesischen Provinz Anhui. »Bestimmt habt ihr noch nie von diesem Ort gehört«, lacht sie ein wenig schüchtern. Ihr offenes, interessiertes und neugieriges Lächeln steht im Kontrast zu ihren leicht herben Zügen und den geröteten Händen, denen man die viele Arbeit ansieht. Nach einem kurzen Blick zu ihrer Tante, die keine Einwände zu haben scheint, ist Xu Xia bereit, mit uns zu sprechen.

Kurz nach Abschluss der Mittelschule in Huailin kam Xu Xia 2007 nach Shanghai, um ihrer Tante in deren Geschäft im Viertel der ehemaligen Französischen Konzession auszuhelfen. Die kleine grob zusammengezimmerte Hütte versteckt sich zwischen zwei ganz ähnlichen Geschäften an der geschäftigen Ecke der Straßen Xiangyang Road und Changle Road. Hauptsächlich bieten sie Baozi an, das sind gedämpfte Brötchen, gefüllt mit Hack, Gemüse mit Tofu oder süßer Bohnenpaste. Die großen Bambuskörbe, in denen die Baozi gedämpft werden, stehen stapelweise auf dem Tresen und versperren den Blick in das Innere des Geschäfts. *Die Baozi von Xu Xia und ihrer Tante gelten als die besten in der Gegend. Jeden Morgen zwischen 5.30 Uhr und 8 Uhr bilden sich lange Schlangen von Passanten, die auf dem Weg zur Arbeit ein schnelles Frühstück mitnehmen möchten.*

Das erste Mal besuchen wir den Laden morgens um sieben. Mit hochrotem Kopf ruft Xu Xia durch den Dampf und das Menschengedränge, wir sollen am Nachmittag wiederkommen. Nun, gegen 16 Uhr, ist alles ruhig, und Xu Xia hat einen Stuhl auf den Gehweg gestellt, um sich ein wenig auszuruhen.

Während wir mit ihr sprechen, kommt ein junger Angestellter einer internationalen Café-Kette ein paar Häuser weiter vorbei. Wie einige andere Passanten, die sich inzwischen neugierig um uns versammelt haben, möchte auch er wissen, was zwei ausländische Frauen mit den Betreibern dieses Baozi-Standes zu besprechen haben. Als er von den Plänen für unser Buch erfährt, bietet er eifrig an, uns auch zu seinem Laden zu bringen. »Ihr solltet unser Café porträtieren!« Als wir strikt ablehnen, zieht er enttäuscht von dannen und lässt Xu Xia mit einem leicht ungläubigen Ausdruck des Stolzes zurück.

Der Tagesablauf in Xu Xias Leben ist fast immer gleich. Sie arbeitet jeden Tag, sieben Tage die Woche, 15 Stunden täglich, von 4 Uhr morgens bis 19 Uhr abends. Doch es würde ihr nicht einfallen, sich zu beschweren, so ist eben ihr Leben. Gemeinsam mit der Familie ihrer Tante lebt sie in einer kleinen Wohnung in der Nähe des Straßenstandes. Dort hat sie ihr eigenes Zimmer und einen DVD-Spieler, den sie nutzen kann. Meist arbeiten sechs Personen in dem Geschäft, dessen Fläche insgesamt kaum mehr als acht Quadratmeter beträgt. Sie sind alle Familienmitglieder, alle aus der Provinz Anhui. Xu Xia ist die gesprächigste von ihnen, und es scheint ihr Spaß zu machen, für die Fotos zu posieren. Nur die Frage nach ihrer Zukunft und wo sie sich selbst in zehn Jahren sieht, ist ihr unangenehm, und sie stellt klar, dass sie das nicht sagen kann.

Der letzte Baozi des Tages ist verkauft. Xu Xia und ihre Tante beginnen das Geschäft zu putzen und ihre Sachen zusammenzupacken. Am Abend ist ein wenig Zeit, sich auszuruhen, denn am nächsten Tag in der Frühe gilt es wieder, den Ansturm der frühstückshungrigen Shanghaier zu bedienen. <<<

CHAYEDAN
MARMORIERTE TEE-EIER

Diese Eier sind einer der beliebtesten Snacks der Shanghaier. In jedem kleinen Eckkiosk köcheln sie in einem großen Topf stundenlang hinter dem Verkaufstresen und geben mit den beigefügten Gewürzen diesen Geschäften ihren charakteristischen Geruch.

6 mittelgroße Eier
2 EL lose schwarze Teeblätter
120 ml dunkle chinesische Sojasauce
2 TL Salz
2 TL Zucker
4 Stück Sternanis
1 Zimtstange
einige schwarze Pfefferkörner, zerdrückt

- Die Eier in einen mittelgroßen Topf geben und mit Wasser bedecken. Das Wasser aufkochen und sobald es kocht, die Hitze reduzieren und 3 Minuten simmern lassen.

- Den Topf vom Herd nehmen und die Eier kalt abschrecken. Kurz beiseitestellen, bis sie ein wenig abgekühlt sind. Nun die Schale der Eier mit einem Messergriff gleichmäßig von allen Seiten leicht anschlagen, sodass sie von Rissen überzogen sind.

- Die Eier zusammen mit den restlichen Zutaten zurück in den Topf geben und das Wasser erneut zum Kochen bringen. 1–3 Stunden oder auch bis zu 5 Stunden simmern lassen; dabei werden die Farbe und der Geschmack der Eier mit der Zeit intensiver. Immer wieder Wasser nachfüllen, beim Simmern verdampft Flüssigkeit.

- Vom Herd nehmen und als Snack oder Beilage zu Reis oder Nudeln reichen.

BAOZI

GEDÄMPFTE BRÖTCHEN

Diese gedämpften gefüllten Hefeklößchen sind das beliebteste chinesische Frühstück; man findet sie in ganz China. Es gibt sie mit den verschiedensten Füllungen – herzhaft mit Fleisch, vegetarisch oder süß mit Bohnenpaste. Die hier aufgeführten Rezepte sind nur drei mögliche Beispiele. Aus dem gleichen Teig werden Mantou hergestellt, ebenfalls gedämpfte Hefeklöße, die aber größer sind als Baozi und keine Füllung haben. Diese sind nicht gewürzt und werden häufig zu gewürztem Gemüse oder zu Tee-Eiern gegessen.

Ergibt ca. 20 Stück

FÜR DEN TEIG

2 Eigelb
100 g Zucker
½ TL Salz
1 Päckchen Backpulver
1 Würfel frische Hefe
500 ml Milch, lauwarm
2 EL Öl
1 kg Weizenmehl (Type 405)

ZUM GAREN

Bambusdämpfkörbe mit Deckel
oder Dampfgarer
2 EL neutraler Essig
Muffinförmchen aus Papier

FLEISCHFÜLLUNG

500 g Hackfleisch von Rind oder Schwein
oder halb und halb
½ Kopf Chinakohl, in feine Streifen geschnitten
2 Knoblauchzehen, geschält und gehackt
2 EL Sojasauce
1 EL Sesamöl
geschälter und fein geriebener Ingwer
(Menge nach Belieben)
2 Eier
1 Prise Zucker

VEGETARISCHE FÜLLUNG

400 g fester Tofu, klein gewürfelt
2 Bund frischer Bärlauch, fein gehackt
2 EL Sojasauce
1 EL Sesamöl

SÜSSE FÜLLUNG

700 g rote Bohnenpaste

- Eigelbe, Zucker, Salz und Backpulver gründlich verrühren. Die Hefe dazugeben und darunterrühren.
- Die lauwarme Milch mit dem Öl langsam dazugeben.
- Die Mischung zum Mehl geben und zu einem glatten Teig verkneten.
- Den Teig in eine Schüssel geben, mit einem feuchten Geschirrtuch abdecken und entweder im Ofen bei etwa 40 Grad 30 Minuten oder bei Zimmertemperatur (ohne Zugluft!) etwa 1 Stunde gehen lassen, bis sich das Teigvolumen verdoppelt hat.
- Während der Teig aufgeht, kann die Füllung zubereitet werden: die jeweiligen Zutaten der Füllung in einer Schüssel verrühren und abschmecken.
- Jeweils etwa eine halbe Handvoll Hefeteig nehmen und nacheinander zu kleinen Kugeln formen. (Die Teigmenge sollte etwa 20 Kugeln ergeben.) Während der Verarbeitung den restlichen Teig mit dem feuchten Geschirrtuch abdecken, damit er nicht austrocknet.
- Die Teigkugeln zu 5 mm dicken Fladen ausrollen. Zum Rand hin die Teigfladen etwas dünner rollen, da diese Stellen später übereinandergelegt werden.
- In die Mitte jedes Fladens 1 EL Füllung geben.
- Den Rand der Teigfladen mit Wasser befeuchten und über der Füllung nach oben zusammendrücken und so verschließen. Die gefüllten Baozi erneut etwa 30 Minuten gehen lassen.
- In einen Topf etwas Wasser füllen, den Essig hinzugeben und ein Bambusdämpfkörbchen daraufsetzen. Die gefüllten Hefebällchen in Muffinförmchen setzen und in das Dämpfkörbchen setzen; darauf achten, dass genügend Abstand bleibt, da die Bällchen weiter aufgehen. Den Deckel des Dämpfkorbes schließen.
- Das Wasser auf mittlerer Stufe köcheln lassen und die Klöße rund 20 Minuten dampfgaren. Während des Dämpfens den Deckel nicht öffnen.
- Frisch servieren. Übrig gebliebene Baozi können am nächsten Tag kalt gegessen oder in Scheiben geschnitten in der Pfanne angebraten werden.

SHAOMAI

WÜRZIGE KLEBREISTASCHEN

Zahllose Varianten Shaomai finden sich in China – und in ganz Asien. Wörtlich übersetzt heißt Shaomai nicht mehr als »Kochen und Verkaufen«. Es ist ein typischer Straßensnack. Während beispielsweise in Westchina Shaomai mit Lamm und Rettich gefüllt werden, versteht man in Shanghai unter Shaomai immer die mit Klebreis gefüllte und mit Sojasauce und Schinken gewürzte Variante. Besonders bei Kindern ist dieses Gericht sehr beliebt und wird gern morgens auf dem Weg zur Schule gekauft. In der Regel bekommt man Shaomai denn auch nur bis in den frühen Vormittag.

Ergibt ca. 30 Stück

5 getrocknete Shiitakepilze
2 EL Rapsöl
1 Scheibe Kochschinken, fein gewürfelt (oder geräucherter Tofu)
1 Frühlingszwiebel, fein gehackt
½ TL weißer Pfeffer, gemahlen
2 EL Sojasauce
1 TL Zucker
200 g gekochter Klebreis (etwa ½ Tasse roher Reis, sehr gut eignen sich auch Reste vom Vortag)
30 runde Shaomai-Blätter (falls im Asiamarkt nicht erhältlich, Wantan-Blätter verwenden und kreisrund schneiden)

- Die Pilze in reichlich warmem Wasser etwa 1 Stunde einweichen, das Einweichwasser abgießen und die Pilze fein hacken.

- Das Öl in einer Pfanne erhitzen und den Kochschinken, die Pilze und die Frühlingszwiebel etwa 2 Minuten scharf anbraten, bis die Mischung zu duften beginnt und leicht gebräunt ist.

- Pfeffer, Sojasauce und Zucker dazugeben und weitere 30 Sekunden braten.

- Vom Herd nehmen und den gekochten Klebreis zusammen mit etwas Wasser daruntermischen, leicht abkühlen lassen.

- Die Shaomai-Blätter (oder zu Kreisen geschnittene Wantan-Blätter) bereitlegen.

- Nacheinander jeweils ein Shaomai-Blatt auf Zeigefinger und Daumen der linken Hand legen (die beiden Finger formen ein C, so als hielte man einen Becher) und etwas weniger als 1 EL Füllung in die Mitte des Blattes legen. Nun Zeigefinger und Daumen mit dem Blatt dazwischen schließen und die Spitzen des Blattes leicht aneinanderdrücken. Eventuell mit einem Löffelstiel die Füllung etwas nach unten in das entstandene Säckchen drücken. Den Boden des Säckchens mit der Handfläche platt drücken.

- In einem Bambuskörbchen über einem Topf mit kochendem Wasser etwa 7–10 Minuten dampfgaren. Sofort herausnehmen (da sie sonst festkleben) und servieren.

DIGUA

DAS EHEPAAR ZHU UND WU AUF DEN STRASSEN DER EHEMALIGEN FRANZÖSISCHEN KONZESSION

Name: Herr Zhu und Frau Wu
Alter: beide 28
Herkunft: Henan
Lage der Garküche: verschiedene Orte
Spezialität: Süßkartoffeln

>>> Es ist später Dienstagnachmittag in der ehemaligen Französischen Konzession. Angestellte der umliegenden Bürotürme eilen auf ihrem Weg nach Hause in Richtung Metrostation. Ein im letzten Jahr in einer Kolonialvilla eröffnetes Boutique-Hotel hat seine Tore geöffnet, ein Springbrunnen im Hof verschleiert den Blick auf den prachtvollen Hoteleingang. Im Hof poliert ein Chauffeur Zentimeter für Zentimeter seinen Wagen. Die Kreuzung Xinle Road/Xiangyang Road ist in das warme Licht der untergehenden Sonne getaucht.

Es mag die milde Nachmittagssonne sein oder an den umliegenden Gebäuden aus der Kolonialzeit liegen, die auszustrahlen scheinen, dass sie schon so einiges gesehen haben – denn trotz der Hektik der Dahineilenden liegt etwas Ruhiges über diesem Ort. Vielleicht ist aber auch das Ehepaar Zhu und Wu dafür verantwortlich. Auf der dem Hotel gegenüberliegenden Straßenseite stehen sie gelassen an ihrem selbst gezimmerten Wagen, den sie auf Holzböcken am Straßenrand aufgebaut haben und von dem aus sie gebackene Süßkartoffeln und Mais verkaufen. Die letzten Sonnenstrahlen des Tages fallen quer über die Kreuzung und werfen einen Lichtkegel auf die beiden Menschen – eine überwältigend schöne Straßenszene.

Herr Zhu und Frau Wu sind beide 28 Jahre alt, sie kennen sich seit ihrer gemeinsamen Kindheit in der Provinz Henan. Sie bauen ihren Wagen an den verschiedensten Orten in der Stadt auf – wo immer es sich gerade anbietet. Eine alte Öltonne dient ihnen als Ofen. Unten in der Tonne glühen Holzkohlestückchen, darüber haben sie aus Blech kleine Tablare eingebaut, auf denen langsam die Süßkartoffeln und der Mais rösten.

Ihre Tage fangen mit einem Besuch auf dem Großmarkt an, wo sie die Kartoffeln und den Mais für den Tag einkaufen. Um 9 Uhr, wenn die ersten Kartoffeln gar sind, beginnt der Verkauf, und in der Regel haben sie bis 18 Uhr alles verkauft. 50 Kilogramm Süßkartoffeln und einige Kilogramm Mais verkaufen sie jeden Tag. Bei einem Preis von 4 Yuan pro 500 Gramm kommen sie damit umgerechnet auf ungefähr 50 Euro Umsatz täglich. Sie selbst essen lieber Mantou, gedämpfte Weizenbrötchen, und Nudeln. An Tagen, an denen sie nicht genug verkauft haben, verzehren sie ihre eigenen Süßkartoffeln, auch das ist in Ordnung. Inmitten der Hektik der Stadt ist es die Einfachheit und Ausgeglichenheit ihrer Ausstrahlung, die eine so besondere Wirkung entfalten. Ihre abgetragene Kleidung wirkt fast elegant, stilsicher. Sie haben das schier Unmögliche geschafft – zwei Menschen ohne Ausbildung, vom Land, ohne gültige Meldung in der Stadt – und sich in Shanghai eine Existenz aufgebaut. Mit lebenserfahrener Unbekümmertheit behaupten sie sich täglich auf den Straßen der Stadt. Sie sind zufrieden mit ihrer Arbeit, was sie verdienen reicht, um sich und ihre beiden Kinder zu ernähren. Sie wohnen bei Verwandten in einem Außenbezirk Shanghais. Wenn sie alle Kartoffeln verkauft haben, kehren sie dahin zurück und helfen im Haushalt der Verwandten, manchmal sehen sie fern.

Was sie erreichen möchten? »Kuaile jiu keyile – Hauptsache wir sind glücklich«, sagt er und lacht. Sie nickt ernsthaft.

An der Ecke, wo sie heute stehen, halten sich zahlreiche Straßenverkäufer auf, die meisten bieten Handtaschen, Tücher, DVDs an. Hin und wieder ertönt der Ruf »Laile«, der sofort an allen Ecken wiederholt wird, und die Händler packen in Windeseile ihre Sachen zusammen und verschwinden. »Laile« heißt »sie kommen«, und gemeint sind die täglichen Kontrollgänge der Polizei. Auch Herr Zhu schiebt seinen Wagen um die nächste Ecke, seine Frau bleibt an einem Laternenpfeiler stehen, reserviert damit den Platz und wartet. Kurze Zeit später kehren die Händler nach und nach an ihre Plätze zurück und verkaufen weiter. Das kann schon einige Male täglich vorkommen, Frau Wu ist daran gewöhnt. Unter ihrer pinkfarbenen Baseballkappe mit der Aufschrift »Sexy« lächelt sie und widmet sich wieder dem nächsten Kunden. <<<

新鲜甘蔗汁
小 中 大每杯
2 3 4
元 元 元

DIGUA

GEBACKENE SÜSSKARTOFFELN

Dieser beliebte Straßensnack besteht schlicht aus Süßkartoffeln aus dem Ofen. Sie werden nicht gewürzt oder irgendwie anders behandelt. Wer sie zu Hause backen möchte, kann aber ein wenig Variation hineinbringen und sie würzen oder auch füllen. Hier eine Möglichkeit:

6–8 Süßkartoffeln
3–4 cm Ingwer, geschält und in dünne Scheiben geschnitten
2 EL Sonnenblumen- oder Rapsöl
Salz
Sesamsamen

- Den Backofen auf 200 Grad vorheizen.
- Die Süßkartoffeln gut waschen, nicht schälen, halbieren und mit dem Messer mehrmals tief einschneiden.
- Die Ingwerscheiben in die Einschnitte der Süßkartoffeln stecken und diese mit dem Öl beträufeln.
- Salzen und mit Sesamsamen bestreuen.
- Auf einem Backblech etwa 45 Minuten backen.

MALATANG

IM DAMPF DES CHINESISCHEN FONDUES

Name: Huang Heqiang (m)
Alter: 25
Herkunft: Anhui
Lage der Garküche: Nanchang Road, ehemalige Französische Konzession
Spezialität: Chinesisches Fondue

>>> Die Nanchang Road in Shanghais ehemaliger Französischer Konzession ist zweigeteilt: Geht man sie westwärts und hält dabei den Blick auf die rechte Straßenseite gerichtet, zieht ein endloser Bauzaun vorbei, hinter dessen schiefen Latten Kräne und Stahlbetonskelette zu sehen sind. Die Tristesse des Zauns wird hin und wieder unterbrochen von Werbebotschaften oder einem schief lächelnden Haibao, dem Maskottchen der Shanghaier Expo.

Wer aber dasselbe Stück Straße ostwärts geht und sich dabei der anderen Straßenseite zuwendet, dem offenbart sich ein buntes Nebeneinander von Garküchen, Straßenständen und kleinen Krämerläden in geduckten zweistöckigen Häusern aus den 1920er Jahren. Als das heutige Baugelände gegenüber noch Schauplatz von Shanghais größtem Fake-Markt, dem Xiangyang-Markt, war, wo nachgemachte, kopierte Artikel angeboten wurden, erholte man sich hier bei einem Teller Nudeln oder einer Suppe vom Handeln und Feilschen mit den Marktschreiern. Mit der Schließung des Marktes waren auch die fetten Jahre für die Garküchenbesitzer der Nanchang Road vorbei. Dennoch läuft das Geschäft weiter, ihr Essen ist gut und günstig, und die Nachbarn in der Gegend wissen dies zu schätzen.

Auch Huang Heqiang, 25 Jahre alt und Koch in der Nummer 607, macht sich keine allzu großen Sorgen: »Die Shanghaier lieben unsere Malatang. Die Ausländer übrigens auch.« Obwohl er selbst aus der Provinz Anhui stammt, hat er sich dieser für ihre Schärfe berühmten Spezialität aus der Provinz Sichuan verschrieben: Malatang, eine Art chinesisches Fondue. *Die kleine Garküche bietet nur dieses eine Gericht an, aber das hat es in sich. In einem großen Topf köchelt den ganzen Tag eine Brühe (tang), scharf (la) und betäubend (ma).* Wie diese Brühe genau zusammengesetzt ist, bleibt Huangs wohlgehütetes Geheimnis. Sie ist die Basis der Malatang. Auf der linken Seite des kleinen Vorraums steht eine Kühltheke, in der sich in vielfachen Lagen Plastikkörbe stapeln: Bohnen, Rindfleisch, Tofu, Chinakohl, getrocknete Nudeln, Krabben, Tintenfisch, Zwiebeln, Sellerie, alles fein säuberlich auf einzelne Holzstäbe gespießt. Der Gast erhält ein kleines rotes Plastikkörbchen, in das er nun seine Wunschzutaten aus der riesigen Auswahl füllt. Huang nimmt nach erfolgter Auswahl das Körbchen entgegen und füllt den Inhalt in einen Siedekorb, den er zum Garen in seine Malatang absenkt. Der ganze Raum ist erfüllt vom starken Duft der würzigen Brühe.

Die Garzeit beträgt im Schnitt 3 bis 5 Minuten – Zeit, ein wenig zu plaudern. Huang Heqiang trägt ein fein gestreiftes weißes Hemd locker über der Jeans, am Kragen entspannt geöffnet. Fast wirkt er wie ein Büroangestellter, der soeben nach Hause gekommen ist und die Krawatte abgenommen hat. Er spricht selbstbewusst und sieht der Zukunft positiv entgegen. Er freut sich über die Möglichkeit, seine kleine Küche in einem Buch zu präsentieren, er denkt verkaufsorientiert. Vielleicht bringt das noch mehr Kunden. Folgerichtig besteht er darauf, unsere Portion Malatang nicht zu berechnen. »Wir werden doch kein Geld nehmen von Leuten, die für uns Werbung machen!« Normalerweise kostet eine Portion zwischen 6 und 12 Yuan, je nach gewähltem Inhalt. Vier bis fünf Personen arbeiten hier, alle gehören der Familie von Huang an. Er selbst ist zwar nicht der Inhaber, aber als versierter Zubereiter der Brühe doch der wichtigste Mitarbeiter. Die anderen schneiden die Zutaten, bedienen die Kunden und kassieren.

Huang nimmt den Siedekorb aus der Brühe, füllt den Inhalt in eine Emaille-Schüssel, entfernt die Holzspieße und gießt mit einer großen Schöpfkelle noch etwas Brühe darüber. Wem die Brühe noch nicht scharf und betäubend genug ist, der kann nun noch etwas Chilipaste dazugeben oder auch frischen Knoblauch. Huang weiß zu berichten, dass die Shanghaier diese Chilipaste kaum brauchen, für sie ist der Schärfegrad genau richtig. *»Aber ein echter Sichuanese würde diese Brühe als Beleidigung empfinden und fragen, ob ich versucht hätte, Kosten für Chilischoten zu sparen.«*

Die kleine Küche hat täglich von 11 bis 24 Uhr geöffnet, Huang Heqiang ist im Prinzip täglich hier. Wenn er sich doch einmal ein wenig Freizeit gönnt, geht er zusammen mit seiner Frau Window-Shoppen. Klar kann er sich die meisten Dinge nicht leisten, aber wer weiß? Vielleicht eines Tages. Es ändere sich viel in Shanghai, viele machten ein Vermögen. Die Expo habe der Stadt ja auch schon ein ganz neues Gesicht gegeben und das Leben verbessert. Inwiefern verbessert? »Die neuen U-Bahn-Linien, die für die Expo gebaut wurden, sind gut für uns. Und wegen der neuen Linie 10 haben wir hier nun direkt eine Station, gut für unseren Standort«, sagt Huang Heqiang lächelnd. Einmal jährlich fahren er und seine Frau in ihre Heimatprovinz Anhui und besuchen ihre Familien. Bislang haben sie keine Kinder, wünschen es sich aber. Huang hofft, dass sein Leben in zehn Jahren ein wenig komfortabler sein wird. Er würde gern reisen, nicht immer nur nach Anhui zu seiner Familie. Beijing wäre toll oder auch Guilin mit seinen Karstgebirgen und Flüssen. Hinziehen würde er da allerdings nicht gerne, und auch nicht für immer in Shanghai bleiben. »Eines Tages möchten wir zurück nach Anhui. Uns fehlen die Berge, unser Anhui-Dialekt, unsere Familie.«

Als wir noch einmal wiederkommen, weil wir etwas an unserem Tisch haben liegen lassen, reagiert er zunächst verärgert. Es dauert ein wenig, bis wir verstehen, warum: Soeben ist er dabei, eine neue

Brühe anzusetzen und die geheimen Zutaten liegen offen zutage. Wir beruhigen ihn und versichern ihm, dass es sich bei unserer Rückkehr nicht um eine versuchte Spionage handelt. Tatsächlich sehen wir fast nichts, sagen ihm dies auch und versprechen, nur diese eine gesehene Zutat aufzunehmen und uns ansonsten auf gewöhnliche Hausrezepte zu berufen. Er ist einverstanden. Es ist also die rote Dattel. Sie gibt der Brühe einen leicht süßlichen Geschmack und unterstreicht ihre rote Färbung, für die in der Hauptsache aber die Chilis verantwortlich sind. Alle anderen Zutaten des Rezepts unten sind dem Hausrezept einer befreundeten Sichuaner Familie entnommen. <<<

MALATANG

CHINESISCHES FONDUE

Wer mag, der kocht die Malatang so nah am Original wie möglich und verwendet Holzspieße und Siedekorb (beides im Asiamarkt erhältlich). Eine einfachere Variante ist es, die Suppeneinlage lose in die fertige Brühe zu geben, kurz mitzukochen und in Schüsseln mit Brühe zu servieren. Dies ist auch die Methode, die in Sichuaner Familien zu Hause verwendet wird.

BRÜHE

2 EL Sesamöl
3 EL Rapsöl
5 Knoblauchzehen, geschält und gehackt
2 EL frischer Ingwer, geschält und gehackt
(je nach Geschmack auch mehr)
150 g Shiitakepilze, in dünne Scheiben geschnitten
1 EL Sichuan-Pfeffer
(dieser örtlich leicht betäubende Pfeffer gibt der Suppe das *ma* im Namen: betäubend)
10 getrocknete rote Datteln
2 TL brauner Zucker
3 EL Sojasauce
1–2 EL Sambal Oelek
(je nach gewünschter Schärfe)
1 l Hühner- oder Gemüsebrühe

SUPPENEINLAGE

Die Zutaten werden je nach Konsistenz in Scheiben oder Würfel geschnitten. Kartoffeln beispielsweise sollten wegen ihrer längeren Garzeit in Scheiben geschnitten werden, Tofu eher in grobe Würfel. Grundsätzlich können zahllose Zutaten verwendet werden, Ihrer Fantasie sind keine Grenzen gesetzt. Hier eine Auswahl der am häufigsten verwendeten Zutaten:

Scampi, geschält, ohne Kopf
Fischbällchen (kleine Bällchen aus gehacktem Fischfilet)
Tofu (feste Sorte), in 3 x 3 cm große Würfel geschnitten
Champignons
Chinakohl, einzelne Blätter
Eisbergsalat, einzelne Blätter
Reisnudeln, getrocknet
Hühnchenfilet (auch Rind oder Schwein), in Würfel geschnitten
Pak Choi, einzelne Blätter
Kartoffeln, in 3 mm dicke Scheiben geschnitten
Fischfilet, beispielsweise Rotbarsch (am Stück, zerfällt beim Kochen)

GARNITUR

Geschälter und gehackter Knoblauch
Sambal Oelek
gehackte Frühlingszwiebeln
Koriander
gehackte Erdnüsse
wahlweise ungesüßte Erdnussbutter

- Das Sesam- und Rapsöl in einem großen Topf mit schwerem Boden auf höchster Stufe erhitzen. Den Knoblauch und den Ingwer in das heiße Öl geben und etwa 1 Minute anbraten. Die Shiitakepilze, den Sichuan-Pfeffer und die Datteln hinzugeben und sehr kurz anbraten.
- Zucker, Sojasauce und Sambal Oelek beifügen, kurz erhitzen und mit der Brühe ablöschen.
- Einmal aufkochen lassen und falls nötig nochmals nachwürzen. Je nach Geschmack zusätzlich mit Sojasauce oder Sambal Oelek nachwürzen. Sollte die Brühe zu salzig geworden sein, etwas Wasser hinzugeben.
- Nun die Zutaten Ihrer Wahl in die Brühe geben und gar kochen. Dies sollte im Schnitt 5 Minuten dauern. Einzelne Zutaten können auch etwas später dazugegeben werden, beispielsweise Eisbergsalat, der schnell zerfällt. Die Zutaten sollten gerade gar und bissfest sein und auf keinen Fall verkochen.
- In mittelgroßen Schalen servieren.
- Die Garnitur jeweils einzeln in kleinen Schälchen auf dem Tisch bereitstellen. Nun kann jeder nach Belieben seine eigene Malatang damit garnieren.
- Wem die Brühe zu scharf ist, der rühre 1 EL Erdnussbutter darunter. So erhält die Brühe eine leicht süßliche Note und wird deutlich milder.

UMASIKIN
ENGET REAL
MUDAWAN

LANZHOU LAMIAN

GRÜSSE VON DER SEIDENSTRASSE

Name: Han Yibula (m)
Alter: 25
Herkunft: Qinghai
Lage der Garküche: Nanchang Road, ehemalige Französische Konzession
Küche: Nudeln

>>> Schon von Weitem fallen die blütenweißen Kappen, die die Männer der Lanzhou-Nudelküche auf dem Kopf tragen, ins Auge. Das blendende Weiß wird durch den feinen Mehlstaub unterstrichen, der über dem ganzen Ort liegt. Die Männer, die vor der kleinen Küche in der Nanchang Road stehen, gehören der Hui-Minderheit an und sind Muslime.

Anders als beispielsweise die ebenfalls muslimischen Uiguren sind die Hui keine eigene ethnische Gruppe. Als drittgrößte Minderheit Chinas mit knapp 10 Millionen Angehörigen werden offiziell unter dem Begriff Hui insbesondere die chinesischen Muslime zusammengefasst, die keine eigene Sprache hatten oder sie nicht mehr sprechen, die also Hochchinesisch reden. Dass auch diese Zusammenfassung wie überhaupt die offizielle Einteilung von Chinas Bevölkerung in 56 Minderheiten den Tatsachen nicht immer gerecht wird, zeigt sich allein schon daran, dass auch zahlreiche kleinere Minderheiten, die eigene Dialekte sprechen, der Einfachheit halber den Hui zugerechnet werden. Viele Hui können ihre Vorfahren bis zu den Reisenden der Seidenstraße zurückverfolgen. In ihnen vereinigen sich Einflüsse aus Persien, der Mongolei und verschiedenen zentralasiatischen Regionen, die sich nicht zuletzt in ihrer Kochkunst bemerkbar machen. In ihrer Religionsausübung sind sie von den Lehren der zentralasiatischen Sufi-Orden beeinflusst, die sie über die Jahrhunderte mit taoistischen und konfuzianistischen Elementen ihrer Han-chinesischen Nachbarn ergänzt haben.

Der wirtschaftliche Fortschritt Chinas erreicht häufig kaum die von den Hui besiedelten Regionen in den westchinesischen Provinzen Qinghai und Gansu sowie in der Autonomen Region Ningxia. Viele Hui haben sich daher entschlossen, ihr Glück im Osten in den großen Metropolen zu machen, häufig mit Lanzhou-Nudelküchen. *In ganz China finden sich inzwischen Nudelküchen mit den berühmten traditionellen Lamian (gezogene Nudeln) aus der Stadt Lanzhou. Alle Gerichte hier sind halal – im muslimischen Sinne rein und erlaubt – und nach muslimischer Regel insbesondere ohne Schweinefleisch zubereitet.*

Für chinesische und ausländische Muslime sind die überall im Land vertretenen Lanzhou-Küchen häufig die einzige Möglichkeit, halal zu essen. Restaurants anderer muslimischer Bevölkerungsgruppen, wie beispielsweise der Uiguren, gibt es seltener. Auch viele nichtmuslimische Ausländer und Chinesen schätzen die als besonders rein und hygienisch geltenden Hui-Küchen. Fast immer weisen große blaue Schilder auf diese Nudelküchen hin, die alle gleich gestaltet sind. Hier steckt aber keine Kette oder Franchising-Idee dahinter: Dieses Design hat sich irgendwann einmal entwickelt, und wer heute bei einem Drucker in China ein Lanzhou-Lamian-Schild bestellt, erhält mit Sicherheit dieses.

Vor der Nudelküche in der Nanchang Road stehen nur zwei Tische, beide sind besetzt. Im Nu haben Han Yibula und seine Kollegen einen weiteren Klapptisch aus dem Hinterraum geholt und auf die derzeit wenig befahrene Straße gestellt. Ein paar kleine blaue Plastikhocker ergänzen das Ensemble. Für 12 Yuan gibt es zwei große Nudelsuppen. Yibula, der für die Bestellung und das Kassieren zuständig ist, setzt sich zu uns. Seine schwarze Jeans ist mit einem feinen Muster aus Mehl überzogen. Er ist freundlich, höflich, zugleich äußerst zurückhaltend, sein markantes Gesicht alles andere als euphorisch, fast nüchtern.

Seit einem Jahr lebt Yibula nun in Shanghai und arbeitet in der Nudelküche, die ein entfernter Verwandter vor einigen Jahren eröffnet hat. Er ist in der westchinesischen Provinz Qinghai aufgewachsen, in der Provinzhauptstadt Xining, auf 2000 Meter Höhe. Ein kurzes Lächeln huscht über sein Gesicht bei der Frage, ob Shanghai nicht der denkbar stärkste Kontrast zur wilden, rauen Schönheit des kaum besiedelten Qinghaier Hochplateaus an der Grenze zu Tibet sei. Er nickt. Seine Heimat fehlt ihm. Bislang ist Yibula unverheiratet. Er spricht nicht gern darüber, macht aber deutlich, dass eine Heirat in Shanghai nicht denkbar ist. Er möchte eine Frau aus seiner Heimat Qinghai heiraten. Wie und wann dies geschehen soll, ist unklar. Seit er in Shanghai ist, konnte er kein einziges Mal in seine knapp 35 Zugstunden entfernte Heimat reisen. Und auch in der näheren Zukunft wird es wohl nicht möglich sein.

Ansonsten hat Yibula nicht viele Wünsche, er scheint auch die Möglichkeit von echten Veränderungen in seinem Leben als kaum realistisch anzusehen. Seine täglichen Mahlzeiten nimmt er in der Nudelküche zusammen mit seinen Kollegen ein. Im Dachgeschoss der Nudelküche ist eine kleine Wohnung, dort lebt Yibula mit seinen Kollegen auf engem Raum. Die Kleidung erhalten sie vom Inhaber der Küche. So entstehen Yibula in seinem täglichen Leben wenig Kosten, was ihm erlaubt, den Großteil seines schmalen Gehalts nach Qinghai zu seiner Familie zu senden. Hin und wieder leistet er sich einen Besuch im Internetcafe an der Ecke und schaut sich einen Film an oder ruft seine Verwandten an. Meistens ist er aber nach seiner 14-Stunden-Schicht zu erschöpft dazu. Die Gäste der anderen beiden Tische haben ihre Nudeln verzehrt, bezahlen und gehen. Zeit, das Mittagessen für die Mitarbeiter zuzubereiten. Yibulas Kollege stellt sich an den mehlbestäubten Holztisch am Eingang zur Küche und nimmt von dem vorbereiteten Teig eine Kugel ab. Nur er beherrscht die Kunst des Nudelmachens wirklich. Als ein anderer Kollege für das Foto posieren möchte und sich an den Nudeln versucht, schaut er sich die Versuche keine Minute an und nimmt ihm schließlich lachend den Teig aus der Hand. Der andere trollt sich.

Die Herstellung der Lamian dauert etwa 3 Minuten und ist ein besonderes Schauspiel: Der schmächtige Koch nimmt die Kugel Teig, knetet sie kräftig durch, faltet sie, knetet sie erneut. Dieser Prozess wärmt den Teig und sorgt für eine bessere Verbindung des Glutens im Mehl, sodass die Nudeln beim Ziehen nicht reißen. Schließlich rollt er sie zu einem länglichen Stab, schneidet die beiden Enden ab und beginnt mit dem namengebenden Ziehen des Teigs. Wieder und wieder zieht er den Teig mit einem kräftigen Ruck in die Länge, legt die Stränge zusammen, bestäubt sie ein wenig mit Mehl, damit sie nicht verkleben, und zieht die nun doppelte Menge der Stränge wieder auf ihre ursprüngliche Länge. Dieser Prozess wiederholt sich sieben- bis achtmal. Es entstehen immer mehr, immer dünnere Stränge, die der Koch hin und wieder mit kräftigen Schwüngen an sein Holzbrett schlägt, um eine gleichmäßige Dicke und ebene Oberfläche der Nudeln zu erreichen. Dabei ist sein ganzer Körper in Anspannung und Bewegung, wie in einem genau choreografierten Tanz bewegen sich Arme und Oberkörper um die Nudeln, öffnen und schließen sich, ziehen und schlagen.

Parallel hat Yibula das Wasser in einem riesigen stählernen Nudeltopf zum Kochen gebracht, er steht auf einem Podest auf dem Gehweg vor dem Eingang zur Küche und wird von einem Holzkohleofen darunter befeuert. Mit einer blitzschnellen Geste zieht der Koch die Nudeln ein letztes Mal auseinander und gibt sie mit einer drehenden Bewegung, durch die die langen Nudeln aufgerollt werden, in das kochende Wasser. Wenige Minuten später sind die Nudeln gar. Yibula und seine Kollegen essen sie heute als Tangmian in Rinderbrühe, garniert mit Rindfleisch, Koriander und ein wenig Chili.

Zwei Frauen, die in einem hinteren Raum den Abwasch erledigt haben, setzen sich zum Essen an den anderen Tisch. Sie tragen schwarze, fein gearbeitete und mit glitzernden Silberfäden durchwobene Spitzentücher eng um ihr Haar; sie wirken interessiert, lächeln herzlich und offen. Im Islam der Hui ist es üblich, dass auch Frauen Imame werden, sie stehen den eigenen Frauenmoscheen vor und spielen bei familiären und gesellschaftlichen Konflikten eine wichtige Rolle. Möglicherweise wäre das Gespräch mit ihnen, unter Frauen, freier gewesen als mit Yibula, dem der Umgang mit zwei westlichen Frauen ein wenig schwer fällt. Doch zum Abschied lächelt er und sagt, er würde sich freuen, das fertige Buch in Händen halten zu können. Die Nudelküche hat täglich von 9 bis 23 Uhr geöffnet, Yibula ist jeden Tag hier. Es liegen noch einige Stunden Arbeit vor ihm. <<<

NIUROUTANG

RINDERBRÜHE NACH LANZHOU-ART

1 TL Sichuan-Pfeffer, gemahlen (oder ganze Körner, zerdrückt)
3 EL Sonnenblumen- oder Rapsöl
1 mittlere Zwiebel, in feine Ringe geschnitten
6 Knoblauchzehen, geschält und in feine Scheiben geschnitten
3 l Wasser
1 kg Rinderbraten (Beef Chuck)
2 TL frischer Ingwer, geschält und gepresst
1 TL Currypulver
4 TL Sojasauce
2 TL schwarzer chinesischer Essig
1 TL schwarzer Pfeffer
Salz
1 großer Bund frischer Koriander
Chiliöl nach Belieben

- Den Sichuan-Pfeffer in einen großen Topf mit schwerem Boden geben und ungefähr 30 Sekunden darin rösten. Das Öl hinzufügen, erhitzen und dann den Topf für einige Minuten beiseitestellen, damit der Pfeffer das Öl aromatisieren kann.

- Den Topf zurück auf die Platte stellen, das Pfefferöl erneut erhitzen und darin die Zwiebel und den Knoblauch dünsten, bis beides leicht bräunlich wird.

- Das Wasser und das Rindfleisch hinzufügen; dabei darauf achten, dass das Fleisch vollständig mit Wasser bedeckt ist.

- Ingwer, Currypulver, Sojasauce, Essig und schwarzen Pfeffer dazugeben, alles einmal aufkochen und 1½ bis 2 Stunden köcheln lassen, bis das Fleisch schön zart ist.

- Das Fleisch aus dem Topf heben und beiseitestellen. Während die Brühe weiterköchelt, das Fleisch 10 Minuten abkühlen lassen und dann in etwa 2 mm feine Scheiben schneiden.

- Die Brühe abschmecken und bei Bedarf noch nachsalzen.

- Einige Scheiben Rindfleisch in Suppenschalen geben, Brühe darübergießen, mit Korianderblättern und je nach Geschmack mit ein paar Tropfen Chiliöl beträufelt heiß servieren.

LANZHOU LAMIAN

GEZOGENE NUDELN NACH LANZHOU-ART

Wer es sich zutraut, kann versuchen, die langen Nudeln selbst herzustellen. Seien Sie jedoch gewarnt: Es ist eine Kunst, die in der Regel viel Übung verlangt. Aber warum nicht einfach mal ausprobieren? Vielleicht gelingt es. (Es ist hilfreich, sich den Vorgang einmal im Internet anzusehen: Auf youtube.com gibt es unter dem Stichwort »lanzhou lamian« zahlreiche Amateurvideos, die den Vorgang gut verdeutlichen.) Alternativ nehme man fertige chinesische Nudeln, die Spaghetti ähneln.

300 g Weizenmehl
200 ml Wasser
1 TL Sonnenblumen- oder Rapsöl

- Mehl, Wasser und Öl mischen und zu einem glatten Teig kneten. Falls nötig, noch etwas Mehl oder Wasser hinzugeben.

- Nun sehr lange und sehr kräftig kneten. Das Gluten im Mehl soll sich auf diese Weise verbinden und verhindern, dass der Teig später, wenn er gezogen wird, reißt. Von diesem Knetvorgang hängt (fast) alles ab; wer nicht genug knetet, wird die Nudeln später nicht ziehen können.

- Nun den Teig mit leichtem kreisendem Schwingen gleichmäßig zu einer langen Rolle ziehen, bis beide Arme ausgestreckt sind. Einmal mittig zusammenfalten, etwas zusammendrücken, wieder ziehen und zusammendrücken. Diesen Vorgang einige Male wiederholen, um den Teig vorzudehnen.

- Nun beginnt das eigentliche Nudelziehen: Den Teigstrang schnell auseinanderziehen, einmal kräftig auf den Arbeitstisch schlagen und mit etwas Mehl bestäuben. Nun den Strang in der Mitte falten, beide Enden nehmen und erneut auf zwei Armlängen ziehen, wieder kräftig auf den Arbeitstisch schlagen und mit Mehl bestäuben. Die beiden Stränge mittig zusammenlegen und wie oben beschrieben fortfahren, bis sich zahlreiche feine Nudelstränge gebildet haben, insgesamt zieht man sieben- bis achtmal. Das wiederholte Einmehlen verhindert das Zusammenkleben der einzelnen Nudelstränge. Zusätzlich kann es helfen, die einzelnen Stränge mit den Fingern zu trennen.

- Von den fertigen Nudelsträngen die Enden entfernen und mit einer drehenden Bewegung in einen sehr großen Topf mit sprudelnd kochendem Salzwasser geben. Etwa 3 Minuten garen lassen und dann mit einer Schaumkelle herausnehmen.

Die gegarten Nudeln in Rinderbrühe (Niuroutang) oder mit der Sauce der gerissenen Nudeln (Chaomianpian, siehe Seite 37) servieren. Auch kalt schmecken sie hervorragend und wirken an heißen Tagen richtig erfrischend. Dazu einfach Nudeln auf einem Teller anrichten, geraspelte Gurken, feine Tomatenscheiben, Salz, etwas Sesamöl und chinesischen Essig darübergeben – fertig!

CHAOMIANPIAN

GERISSENE NUDELN IN WÜRZIGER SAUCE

Bei diesem Gericht handelt es sich um in Fetzen gerissene Nudelstreifen, die sich im Vergleich zu gezogenen Nudeln sehr einfach selbst machen lassen. Sie gelingen praktisch immer und geben bereits dem Nudelanfänger das erhebende Gefühl, seine eigenen schmackhaften Nudeln hergestellt zu haben. Die frisch-würzige Sauce lässt sich in einer vegetarischen Variante oder mit Lamm zubereiten, je nach Vorliebe.

NUDELTEIG

300 g Weizenmehl
200 ml Wasser
1 TL Sonneblumen- oder Rapsöl

SAUCE

3 EL Sonnenblumen- oder Rapsöl
1 Gemüsezwiebel, halbiert, in Ringe geschnitten
3 mittelgroße Karotten, schräg in 3 mm dicke Scheiben geschnitten
2 Knoblauchzehen, geschält und in dünne Scheiben geschnitten
wer mag: Lammfleisch, in dünne Streifen geschnitten
1 TL Chiliflocken
Salz
2 grüne Paprika, in 2 x 2 cm große Würfel geschnitten
5 große Tomaten, in kleine Würfel geschnitten
1 gehäufter TL Kreuzkümmelpulver (Cumin)
1 gehäufter TL Rosenpaprika (scharf)

- Mehl, Wasser und Öl zu einem glatten Nudelteig verkneten. Falls nötig, noch etwas Wasser oder Mehl dazugeben. Etwa 10 Minuten kräftig durchkneten. Zu einer Kugel formen und beiseitestellen.

- Die Zutaten für die Sauce wie angegeben klein schneiden und bereitstellen.

- In einem großen hohen Topf reichlich gesalzenes Wasser zum Kochen bringen.

- Parallel dazu den Teig erneut kräftig durchkneten. In 8 gleich große Kugeln teilen. Aus jeder Kugel einen Strang rollen, diesen vorsichtig in die Länge ziehen und sehr platt drücken, sodass etwa 2 cm breite und sehr dünne Stränge entstehen. Die fertigen Stränge mit kräftigem Druck oben an die Arbeitsplatte andrücken und hängen lassen. Auf diese Weise ziehen sich die Stränge von selbst noch etwas in die Länge, anstatt sich wieder zusammenzuziehen.

- Wenn das Wasser kocht, von den ersten beiden Strängen etwa 2 x 2 cm große Quadrate reißen und in das stark sprudelnd kochende Wasser geben. Dieser Vorgang sollte relativ schnell ausgeführt werden, damit die Nudelfetzen alle ungefähr gleich lang garen. Etwa 3 Minuten kochen lassen.

- Mit einer Schaumkelle die Nudeln herausnehmen, kalt abschrecken und in einem Teller beiseitestellen.

- Die nächsten beiden Stränge ebenso reißen und in das kochende Wasser geben; diesen Arbeitsschritt wiederholen, bis der Teig aufgebraucht ist.

- Die fertigen Nudeln beiseitestellen. Wenn sie leicht zusammenkleben, macht das nichts, da sie am Ende zur Sauce gegeben werden und sich dann wieder lösen.

- Für die Sauce das Öl in einer sehr großen Pfanne auf höchster Stufe erhitzen.

- Die Zwiebelringe hineingeben und einige Minuten anbraten. Dann Karotten und Knoblauch dazugeben und ebenfalls einige Minuten mitbraten. (Wer Lammfleisch verwenden möchte, gibt es jetzt hinzu und brät es kurz an.) Die Chiliflocken einstreuen und darunterrühren, ein wenig salzen. Die Paprikawürfel dazugeben, kurz mitbraten. Die Tomaten einrühren (wenn sie nicht sehr saftig sind, ein paar Esslöffel Wasser dazugeben) und zugedeckt köcheln lassen.

- Kreuzkümmel und Rosenpaprika dazugeben und mit Salz abschmecken.

- Wenn die Tomaten fast ganz zerfallen sind und eine würzige Sauce entstanden ist, die Nudeln vorsichtig darunterrühren und kurz mitkochen lassen.

- Heiß servieren.

ROUJIAMO

DIE ÄLTESTEN HAMBURGER DER WELT

Name: Wang Qing (f)
Alter: 22
Herkunft: Henan
Lage der Garküche: Chifeng Road, gegenüber der Tongji-Universität
Küche: Roujiamo aus Shaanxi

>>> Vier Erkenntnisse liefert der kleine Stand gegenüber dem Seiteneingang der renommierten Tongji-Universität:

1. Gutes Essen kann so einfach sein.
2. Geschäftstüchtigkeit wird groß geschrieben in Shanghai.
3. Die Umgebung färbt auf die Menschen ab.
4. Die Menschen färben auf ihre Umgebung ab.

Zu 1: Roujiamo ist die nordwestchinesische Variante des Hamburgers und sie hat, so heißt es, eine über zweitausendjährige Geschichte. Die Weizenbrötchen werden quer halbiert, wahlweise mit einer von drei Füllungen belegt und zu 4 bis 6 Kuai das Stück, in eine Serviette gewickelt, über den Tresen gereicht. Ob Ei mit Paprika, Rindfleisch mit Koriander oder Schweinebauch als Füllung – diese Hamburger schmecken.

Zu 2: Wang Qing, 22-jährige Angestellte des kleinen Standes und jeden zweiten Tag hier tätig, mag ihre Arbeit. Seit drei Jahren verkauft sie für den Chef, dem es im letzten Jahr gelungen ist, seinen mobilen Straßenverkauf in einen kleinen, aber fest installierten Ladenstand umzuwandeln. Es geht bergauf mit dem Geschäft und das beflügelt Wangs Fantasie. Wovon sie träume? *»Ich werde eine Kette aufmachen, eine Roujiamo-Kette! So wie KFC! Unsere Burger schmecken viel besser und sind auch gesünder, natürlich werden wir damit Erfolg haben.«*

Zu 3: Wer so nah an der Tongji-Universität und unweit der Fudan-Universtität arbeitet, verbringt seine Freizeit natürlich mit Lesen. Wang Qing liest gern. Vor allem Romane des chinesischen Autors Jin Yong, dessen zwischen 1950 und 1970 erschienene Werke zahllose Kampfsportfilme, Serien und Comics inspirierten und es zu internationalem Ruhm brachten. Mit den Studenten, die hier hauptsächlich einkaufen, unterhält sie sich aber trotzdem kaum. Sobald das Semester beginnt, erlaubt der Ansturm nur Zeit für die Frage: Wie viele und welche Füllung?

Zu 4: War der Roujiamo-Stand noch vor wenigen Jahren einer unter vielen Anbietern von kleinen günstigen Studentensnacks, so profitiert er heute ganz allein von den hungrigen Studenten. Die lange Chifeng Road entlang der Seitenachse der Tongji-Universität ist gediegen geworden. Edle Restaurants, in denen Studenten ihre Abschlussfeier mit der Verwandtschaft begehen können, finden sich neben internationalen Caféketten und 24-Stunden-Shops. Wer es sich leisten kann, nicht in der Mensa zu essen, der geht heute hierher. Doch zum Glück sichern die vier Erkenntnisse Wang Qing ihren Job – und möglicherweise eines Tages den Erfolg ihrer Burgerkette: Mit ein bisschen Geschäftssinn gelingt es ihr vielleicht, dass sich dieses einfache gute Essen gegen die sich ständig verändernden Konsumgewohnheiten der Menschen in der Umgebung behauptet – und die Roujiamo nicht in Vergessenheit geraten. **<<<**

ROUJIAMO
HAMBURGER

Es heißt, in Shaanxi habe es bereits während der Qin-Dynastie, im 2. Jahrhundert v. Chr., die ersten Roujiamo gegeben – damit wäre dies der älteste Hamburger der Welt. Wie dies historisch belegt sein könnte, entzieht sich unserer Kenntnis, aber das Gerücht hält sich hartnäckig.

Eine lange Tradition haben sie mit Sicherheit, und nicht wenige Chinesen wie auch Ausländer erklären sich für rettungslos abhängig. Im Internet wimmelt es von Blog-Einträgen mit Titeln wie »Hilfe, ich lebe nicht mehr in China, kann mir jemand verraten, wie man Roujiamo selbst macht?« Hier nun das Rezept, wie wir es von Wang Qing erfahren haben.

DIE BRÖTCHEN

Ergibt 6 Stück

Wer sich die Mühe sparen möchte, die Brötchen selbst herzustellen, der kaufe eine luftige Pita-Variante.

300 g Weizenmehl
1 EL Backpulver
180 ml Wasser

- Mehl und Backpulver mischen, das Wasser hinzufügen und einen weichen Teig kneten. Einige Minuten gut durchkneten, in eine Schüssel geben, mit Folie abdecken und kurz ruhen lassen.

- Den Teig in sechs Teile teilen und jeden Teil zu einer knapp 1 cm dicken und im Durchmesser 7–8 cm großen runden Scheibe formen; vorher mit wenig Mehl bestäuben, da der Teig etwas klebrig sein kann.

- Eine große Pfanne auf kleiner Flamme erhitzen und das Brot darin (ohne Öl!) zunächst mit geschlossenem Deckel backen (dann gehen die Brötchen etwas auf); anschließend mit offenem Deckel auf jeder Seite etwa 3 Minuten weiterbacken, bis die Brötchen teilweise goldbraun und gut durchgebacken sind.

DEFTIGE FÜLLUNG MIT FLEISCH

350 g Schweinebauch
(alternativ Rind oder Lamm verwenden)
1 EL helle Sojasauce
1 EL dunkle Sojasauce
½ TL braunen Zucker
2 Zimtstangen
getrocknete Schale einer
ungespritzten Mandarine
2 Sternanis
frische Korianderblätter
Chiliöl

- Den Schweinebauch in 1 cm breite Streifen schneiden und mit allen Zutaten außer dem Koriander und dem Chiliöl in einen Topf geben.

- Mit Wasser bedecken, auf höchster Stufe zum Kochen bringen, dann etwa 1½ Stunden auf kleiner Stufe köcheln lassen, bis das Fleisch zart ist. Zwischenzeitlich immer wieder Wasser zugeben, damit das Fleisch nicht trocken wird, aber nicht zu viel; die Sauce sollte deutlich einreduzieren.

VEGETARISCHE FÜLLUNG MIT EI UND PAPRIKA

2 hellgrüne oder mittelgrüne Paprika
(in türkischen Gemüseläden erhältlich)
2 EL Sonnenblumenöl
4 große oder 5 kleine Eier
Salz nach Belieben
1 TL Sesamöl

- Die Paprika halbieren, entkernen, waschen und der Länge nach in feine Streifen schneiden.

- Das Sonnenblumenöl in einer Pfanne auf höchster Stufe erhitzen, die Paprikastreifen hineingeben und unter ständigem Rühren sehr kurz anbraten.

- Eier, Salz und das Sesamöl dazugeben und weiterrühren, bis das Ei gar ist.

Die Brötchen in der Mitte aufschneiden, auf einer Seite mit Chiliöl einreiben, vegetarische oder Fleischfüllung daraufgeben, mit Korianderblättern garnieren, die andere Brötchenhälfte daraufsetzen und reinbeißen!

JIAOZI & HUNDUN

DIE KRAFT DER TEIGTASCHE

Name: Du Manlan (f)
Alter: 38
Herkunft: Anhui
Lage der Garküche: Chifeng Road, in der Nähe der Tongji-Universität
Küche: Jiaozi, Hundun und Tangyuan

>>> Du Manlan. Was für ein Energiebündel! Die 38-Jährige scheint die ganze Straße zu dominieren. Mehlbestäubt sitzt sie mit drei Angestellten an einem Klapptisch vor ihrem kleinen Teigtaschenimbiss in der Chifeng Road und faltet in Windeseile palettenweise Teigtaschen. Dabei schaut sie kaum auf ihre emsigen Hände, sondern beobachtet aus zusammengekniffenen Augen das Treiben auf der Straße. Es ist unmöglich, an ihrem Geschäft vorbeizugehen, und das liegt nicht nur an den verführerischen Dämpfen, die aus dem Inneren des Ladens dringen. Du Manlan ist in der ganzen Gegend bekannt, und sie verwickelt Freunde wie Fremde in Windeseile in ein Gespräch.

Mit uns gelingt ihr das Unmögliche: An diesem Tag haben wir bereits drei Mittagessen hinter uns, und der Gedanke an Essen könnte nicht unattraktiver sein. Drei Sätze von ihr genügen, und wir finden uns an einem kleinen Tisch wieder und warten auf unsere soeben bestellten Hundun-Suppen und Jiaozi. Unser Interview mit ihr verwandelt sich in ein Interview mit uns, Du Manlan quetscht uns aus. Woher wir kommen, ob wir verheiratet sind, wie viele Jiaozi wir essen können, welche Füllung uns am besten schmeckt, wo wir überall schon in China waren … Doch auch von sich selbst erzählt sie, und das ganz ohne dass wir fragen müssten. Uns wird nicht klar, wie sie es schafft, parallel all die Kunden zu bedienen und den Berg Teigtaschen zu erhöhen, aber es gelingt ihr mühelos.

Die Arbeitszeiten in ihrem kleinen Geschäft gehen von 3 Uhr morgens bis 23 Uhr nachts und werden von ihr und ihren zwölf Mitarbeitern in Schichten bestritten. Man glaubt ihr sofort, dass sie selbst während aller Schichten vor Ort ist. Und das, obwohl sie ein einjähriges Kind hat, wie sie stolz berichtet. »Könnt ihr euch vorstellen, was es heißt, so lange zu warten? Ich war 37 bei der Geburt, das ist uralt! Meine Eltern haben jeden Tag angerufen, um zu fragen, ob es vielleicht an meinem Mann liegt, ob er gesundheitliche Probleme habe … Aber nein, habe ich ihnen gesagt, wir haben einfach andere Dinge zu tun! Was stellen sie sich vor, was ich mit meinem Leben anfange? Ich will arbeiten und reisen, Geld machen und die Welt sehen!«

Der Druck sei schon sehr groß gewesen, immer wieder in ihrem Leben habe man ihr vorschreiben wollen, was sie zu tun und zu lassen habe. Sie habe mit ihrem Mann viel Glück gehabt, einem stillen gutmütigen Herrn, der sich im Verlauf unseres Gesprächs dazugesellt, aber etwas abseits stehen bleibt. Er habe ihr niemals Vorschriften gemacht, er sei sehr stolz auf sie.

»Ich bin ein Naturtalent, ich habe einen guten Geschäftssinn. Wenn ich etwas anfange, mache ich es mit voller Kraft. Mein Mann unterstützt mich darin.«

KAPPA

Vor diesem Geschäft hatte sie ein Hotpot-Restaurant, das lief auch sehr gut, aber sei mit der Zeit langweilig geworden. *»Ich habe immer schon gern Teigtaschen gemacht, also habe ich mit diesem kleinen Stand begonnen, erst allein, nun sind wir dreizehn.«*

Du Manlan liebt ihre Arbeit, der Kontakt mit den Menschen macht ihr Spaß, und sie genießt es, ihr eigener Chef zu sein. »Keiner erzählt mir, wie die Jiaozi zu schmecken haben, wie viele ich in der Stunde zu schaffen habe, welche Kleidung ich zu tragen habe – es ist alles meine eigene Entscheidung.« Sie weiß, was sie will, und ihr ist bewusst, dass ein erfolgreiches Geschäft nur mit zufriedenen Mitarbeitern zu schaffen ist. Ihre Mitarbeiterinnen seien gute Freundinnen, und man glaubt es ihr, wenn man sie gemeinsam schwatzend an ihrem Tisch Teig rollen sieht.

Sie selbst isst am liebsten ihre eigenen Guotie, gebratene Teigtaschen. Wenn sie einmal nicht in ihrem Geschäft ist, isst sie auch Teigtaschen, bei der Konkurrenz. Lächelnd erzählt sie von ihren regelmäßigen Ausflügen zu anderen Jiaozi-Imbissen, wo sie und ihr Mann gewissenhaft analysieren, was bei ihnen besser ist und was sie noch dazulernen könnten. Rechercheausflüge nennt sie das.

Bei all dem bleibt nicht viel Zeit für ihr Kind, und so teilt dieses das Schicksal Millionen anderer Kinder der jungen aufstrebenden Stadtbevölkerung: Es wächst bei den Großeltern auf. »Dort ist es auch viel schöner, die Natur und die Luft sind besser, es ist nicht schlecht für den Kleinen. Einmal im Monat fahre ich ihn besuchen oder er kommt her.« Dennoch verliert sie bei diesem Thema für einen Moment ihren fröhlichen Übermut, es ist nicht einfach, von seinem Kind getrennt zu leben. Aber so ist es eben.

Was sie sich für die Zukunft wünsche? Viel mehr reisen. Erst einmal innerhalb Chinas, eines Tages aber auch mal ins Ausland. Momentan fehlt für beides Zeit und Geld. Dabei kommt ihr ein Gedanke: »Ihr seid doch aus Deutschland! Holt mich einfach dorthin, dann machen wir gemeinsam ein Teigtaschen-Restaurant auf! Wir könnten alle sehr reich werden.« Den Einwand eines Nachbarn, sie spreche doch gar kein Deutsch, lässt sie nicht gelten: »Ach was, wozu? Alles, was ich tun werde, ist mai mai mai, verkaufen verkaufen verkaufen.« <<<

JIAOZI
TEIGTASCHEN

Ergibt ca. 50 Stück

Traditionell werden Jiaozi zum Chinesischen Neujahr zubereitet. Am Nachmittag versammelt sich die Familie, bereitet gemeinsam Teig und Füllung zu und faltet stundenlang plaudernd die Teiglappen zu Jiaozi. Dies ist Teil des Neujahrsrituals und mindestens so wichtig wie das spätere Verspeisen der Teigtaschen. Doch sind die ursprünglich aus Nordchina stammenden Jiaozi längst Teil des Alltags geworden und als Snack für zwischendurch sowie als vollwertige Mahlzeit beliebt.

Hat man Freunde zu Besuch, werden Jiaozi zur Begrüßung zubereitet, beim Abschied isst man eher Nudeln, die für Verbundenheit auch bei örtlicher Trennung stehen.

Bei den Jiaozi handelt es sich um eines dieser Gerichte, die es in zahlreichen Kulturen in unterschiedlichster Ausprägung gibt. Sie gelten als die Vorläufer der Ravioli, eventuell auch der Maultaschen und Piroggen, die sich aber auch parallel entwickelt haben könnten.

FÜR DEN TEIG

200 g Weizenmehl
200 ml Wasser
½ TL Salz

- Mehl, Wasser und Salz mischen und zu einem glatten Teig verkneten; falls nötig etwas Wasser oder Mehl hinzufügen.

- Mindestens 5 Minuten kräftig kneten, besser 10 Minuten. Je länger der Teig geknetet wird, umso geschmeidiger wird er und umso geringer ist die Gefahr, dass er beim späteren Verarbeiten reißt.

- Den fertigen Teig zu einer Kugel formen, in Klarsichtfolie wickeln und mindestens 1 Stunde im Kühlschrank ruhen lassen.

- Parallel die Füllung zubereiten (siehe folgende Rezepte).

- Nach 1 Stunde den Teig auf einer bemehlten Arbeitsplatte sehr dünn ausrollen und daraus Kreise von etwa 8 cm Durchmesser ausstechen. Am besten geht das mit einem dünnwandigen Glas. Aus dem Teig sollten sich 45–50 Kreise stechen lassen.

- Auf die Kreise jeweils 1 TL Füllung geben, zusammenklappen und die Ränder fest zusammendrücken. In China wird dies mit den Händen gemacht. Man kann sich aber auch an den Italienern orientieren und die Ränder wie bei den Ravioli mit einer Gabel festdrücken.

- Parallel dazu in einem großen Topf reichlich Salzwasser zum Kochen bringen. Die Jiaozi in das sprudelnde Wasser geben (nicht alle gleichzeitig, sondern portionsweise, sonst kleben sie aneinander).

- Jede Portion etwa 8 Minuten garen, mit einer Schaumkelle herausheben und sofort servieren. Dazu die Sauce in kleinen Schälchen zum Dippen reichen (siehe Saucenrezept Seite 52).

KLASSISCHE FÜLLUNG MIT RIND ODER SCHWEIN

250 g Rinder- oder Schweinehack
1 EL dunkle Sojasauce
1 TL Salz
1 EL trockener Sherry
½ TL frisch gemahlener weißer Pfeffer
3 EL Sesamöl
½ Frühlingszwiebel, fein gehackt
150 g Chinakohl, fein gehackt
3 Scheiben Ingwer, geschält und fein gehackt
2 Knoblauchzehen, geschält und fein gehackt

- Sojasauce, Salz, Sherry und Pfeffer zum Hackfleisch geben und gut vermengen.

- Die restlichen Zutaten hinzufügen und ebenfalls gut vermischen.

- In eine Schüssel geben und zum Füllen bereitstellen.

VEGETARISCHE FÜLLUNG

5 große Eier
Salz
frisch gemahlener Pfeffer
2 EL Rapsöl
½ TL Sesamöl
3 Knoblauchzehen, geschält und gehackt
2 Frühlingszwiebeln, gehackt

- Die Eier mit Salz und Pfeffer in einer Schüssel gut verrühren.

- Raps- und Sesamöl in einer Pfanne auf mittlerer Stufe erhitzen. Den Knoblauch hinzufügen und etwa 30 Sekunden braten.

- Die Frühlingszwiebeln hinzugeben und etwa 1 Minute mit anbraten.

- Die Eier hinzugeben und braten, bis sie durchgegart, aber immer noch feucht sind, nicht austrocknen lassen.

- In eine Schüssel geben und zum Füllen bereitstellen.

FÜLLUNG MIT SHRIMPS UND BÄRLAUCH

2 EL Rapsöl
250 g Shrimps, roh gehackt
150 g Bärlauch, gehackt
½ TL Sesamöl
etwas Salz
frisch gemahlener Pfeffer

- In einer Pfanne das Rapsöl auf mittlerer Stufe erhitzen.
- Die Shrimps und den Bärlauch hineingeben und sehr kurz anbraten. Die Hitze reduzieren, das Sesamöl hinzufügen und mit Salz und Pfeffer abschmecken.
- In eine Schüssel geben und zum Füllen bereitstellen.

SAUCE ZUM DIPPEN

3 EL Sojasauce
3 EL trockener Sherry
½ Frühlingszwiebel, gehackt
1 TL Ingwer, geschält und gehackt
1 TL Knoblauch, geschält und gehackt
1 TL Sesamöl
frische Korianderblätter

- Alle Zutaten vermischen und in kleinen Schälchen zum Dippen bereitstellen.
- Die Jiaozi heiß auf großen Platten servieren, die Sauce separat in Schälchen dazu reichen (alternativ eignet sich auch einfach Chilisauce). Übrig gebliebene Jiaozi können am nächsten Tag in der Pfanne kross gebraten werden; diese ebenfalls sehr beliebte Variante nennt sich »Guotie«.

HUNDUN
TEIGTASCHEN IN BRÜHE

Ein philosophisch aufgeladenes Gericht

In Europa sind die Hundun generell als Wantan-Suppe bekannt. Dies rührt daher, dass die meisten europäischen China-Restaurants von Südchinesen betrieben werden, in deren kantonesischem Dialekt die Bezeichnung für Teigtaschen »Wantan« lautet. Der hochchinesische Begriff »Hundun« lässt sich schwer übersetzen, da er auf einen Begriff aus der klassischen chinesischen Philosophie zurückgeht, der in etwa »Chaos« bedeutet und den Zustand der ungeformten Welt vor der Trennung von Himmel und Erde bezeichnet.

Der Sinologe Victor Mair hat den Grund für die Bezeichnung dieses Gerichts mit einem so fundamentalen Begriff einmal so umschrieben: »Die undefinierte Suppe des ursprünglichen Chaos. Mit dem Beginn von Definition und Form entstehen Haufen von Materie.«

HUNDUN

250 g Hackfleisch
(Huhn, Rind, Schwein oder fester Tofu)
1 Frühlingszwiebel, fein gehackt
1 TL Sojasauce
1 TL trockener Sherry
1 TL weißer gemahlener Pfeffer
20 fertige Wantan-Blätter

- Alle Zutaten für die Füllung zu einer cremigen Paste vermischen.
- Die Wantan-Blätter auf einer bemehlten Fläche auslegen und jeweils etwa 1 TL Füllung auf eine Ecke der Blätter geben.
- Die Blätter von der gefüllten Ecke her aufrollen, die Rolle an beiden Enden anfeuchten und fest zusammendrücken, sodass eine Taschenform entsteht.
- Einen großen Topf mit Wasser zum Kochen bringen, die Hundun einzeln in das kochende Wasser geben und darauf achten, dass sie nicht zusammenkleben.
- Die Hundun etwa 5–6 Minuten kochen lassen, dann mit einer Schaumkelle herausheben und mit etwas Kochwasser, damit sie nicht zusammenkleben, in 4 bereitgestellte Suppenschüsseln legen (5 Hundun pro Schüssel).
- Nun zügig die Brühe zubereiten, damit die Hundun nicht zu sehr abkühlen:

BRÜHE

Kochwasser der Hundun
(falls nötig Wasser hinzufügen)
1 Brühwürfel (Hühner- oder Gemüsebrühe)
1 Frühlingszwiebel, in feine Ringe geschnitten
1 TL Sesamöl

- Den Brühwürfel in das Kochwasser der Hundun geben, kurz aufkochen lassen, die Frühlingszwiebel und das Sesamöl hinzufügen.

GARNITUR

2 TL Sesamsamen
frische Korianderblätter

- Die Brühe in die Suppenschüsseln zu den Hundun geben und mit den Sesamsamen und den Korianderblättern garnieren.
- Heiß servieren.

SHAOKAOLU

NÄCHTLICHES STRASSEN-BARBECUE AUF DER FLUCHT

Name: unbekannt
Alter: zwischen 30 und 40
Herkunft: unbekannt
Lage der Garküche: ehemalige Französische Konzession
Küche: Grill

>>> Um es vorwegzunehmen: Hier hat kein Gespräch stattgefunden, es hat kein Einverständnis gegeben, Fotos zu machen, und die Stimmung war nicht gerade freundlich. Dennoch darf ein Ort wie dieser in einem Buch wie diesem nicht fehlen. Es handelt sich um einen der zahllosen nächtlichen Barbecue-Verkäufer auf den Straßen Shanghais.

Weit nach Anbruch der Dunkelheit, wenn das zweite Leben der Stadt erwacht und die Partygänger sich auf ihren Streifzug durch die Shanghaier Bars begeben, beziehen überall in der Stadt Barbecue-Wagen ihre Position. Wir haben einen der bekanntesten aufgesucht, er steht inmitten der ehemaligen Französischen Konzession, schräg gegenüber einer Reihe angesagter Bars. Auf einem klapprigen Wagen befinden sich 20 bis 30 bunte Plastikkörbchen, in denen sich auf Holzstäbe gespießte Leckereien türmen – von Auberginenscheiben über Fisch und Rindersehnen bis hin zu gedämpftem Brot ist alles da. An der Rückseite des Wagens sind mehrere mit Holzkohle gefüllte Kästen befestigt, an denen zwei Frauen grillen, was die Kunden ihnen in die Hände drücken. Während des Grillens streichen sie unermüdlich Gewürze und Marinaden auf die Holzspieße und schicken damit verführerisch duftende Rauchwolken durch die dunklen Gassen der Nachbarschaft. Entsprechend lassen die Kunden auch nicht lange auf sich warten. Der Stand ist noch keine 15 Minuten vor Ort, da ist er kaum noch zu sehen im nächtlichen Andrang. Neben den Barbesuchern, die vor oder nach ihrem Drink Lust auf einen Snack haben, kommen auch zahlreiche Anwohner der Gegend dazu.

Unser Versuch, mit einer der grillenden Damen oder dem Herrn, der gestresst kassiert, ins Gespräch zu kommen, misslingt. Wir fangen uns mehrere zunächst grantige, schließlich feindselige Kommentare ein. Unser Shanghaier Freund Coco hat uns zu diesem Ort gebracht und muss sich zuletzt als »Schwuchtel« beschimpfen lassen. Er kontert selbstverständlich in bissigstem Shanghainesisch und versichert anschließend, dass eine Übersetzung vollkommen unangebracht wäre. Wir schauen uns das Spektakel noch ein wenig an, verzehren Berge von gegrilltem Diesem und Jenem und müssen schließlich zugeben, dass das Geschäft wirklich keine überflüssige Kommunikation zulässt.

Unser mit letzter Hoffnung vorgebrachter Hinweis, dass ein Mitmachen in diesem Buch ihm möglicherweise neue Kunden bringen könne, klingt für den Besitzer mehr als Drohung. »Dann kommen ja noch mehr Leute, das kann ich nicht gebrauchen.«

Doch neben den köstlichen Spießen hat der Besuch dieses Ortes noch eine Erkenntnis gebracht: Nachdem wir einen Drink in der Bar gegenüber genommen haben, kommen wir wieder auf die

Straße und stellen fest, dass der ganze Barbecue-Wagen auf die gegenüberliegende Straßenseite umgezogen ist. Was dort wohl besser ist, fragen wir uns? Zwei Stunden später kommen wir wieder an dieser Ecke vorbei und werden Zeuge, wie der Wagen zurück auf die ursprüngliche Straßenseite zieht – nicht ruhig und besonnen, nein, hektisch und innerhalb von Sekunden ist der Barbecue-Wagen inklusive Kundentraube wieder am alten Platz installiert. Was ist los? Wir erfahren es von einer Kundin: Die Straße ist die Trennlinie von zwei Bezirken, die linke Straßenseite gehört zum einen Bezirk, die rechte zum anderen. *Kommt ein Streifenpolizist des einen Bezirks vorbei, zieht man eben schnell auf die andere Straßenseite in den anderen Bezirk um. Und umgekehrt. Wieder einmal das pragmatische Shanghai …* <<<

ZUM NACHGRILLEN AUF DEM HEIMATLICHEN GRILL

MÖGLICHE ZUTATEN FÜR DIE SPIESSE

Kartoffeln, in dünne Scheiben geschnitten
Auberginen, in dünne Scheiben geschnitten
Scampi
Knoblauchzehen
Hühnerflügel
Rinder-, Hühner- oder Lammfilet, gewürfelt
Fischwürfel (feste Sorten wie Rotbarsch)
Tofu (feste Sorte), gewürfelt
Champignons
Paprika (rot, gelb oder grün), geviertelt

MARINADE

Für ca. 15 Spieße

Die hier angegebene Gewürzmischung ist ein Versuch, den Originalgeschmack nachzuahmen. Was tatsächlich verwendet wird, wurde uns leider nicht verraten.

5 EL Sonnenblumen- oder Rapsöl
3 Knoblauchzehen, geschält und gepresst
3 TL Kreuzkümmelpulver (Cumin)
2 TL Chiliflocken
3 TL Paprikapulver (rosenscharf)
Salz

Alle Zutaten verrühren und die Spieße kurz vor dem Grillen mit einem Pinsel damit bestreichen.

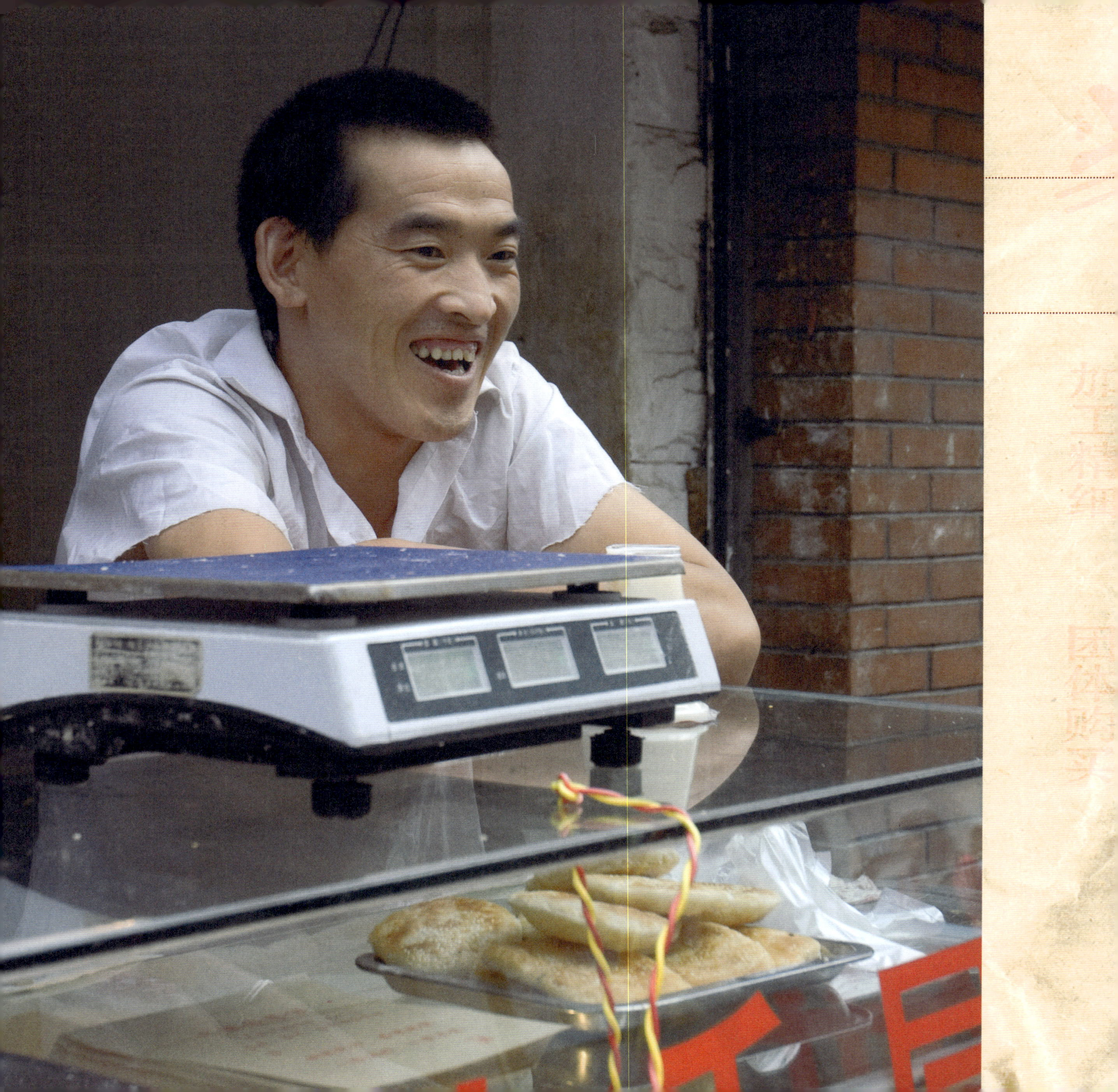

CONGBING

HEISSE FLADEN AUS CHINAS KALTEM NORDOSTEN

Name: Zhang Shuyou (m)
Alter: 33
Herkunft: Heilongjiang
Lage der Garküche: Kunshan Road, Bezirk Hongkou
Küche: Teigfladen mit Zwiebeln

>>> Zhang Shuyou und seine Frau hat es aus Chinas hohem Norden nach Shanghai verschlagen. Seit drei Jahren leben sie hier und betreiben auf der Kunshan Road im Herzen der Stadt einen kleinen Stand mit Teigfladen. Diese mit Frühlingszwiebeln gewürzten und auf Wunsch mit einem Spiegelei gebackenen Fladen werden auf elektrisch betriebenen heißen Eisenplatten gebacken und ganz oder in Stücken nach Gewicht verkauft.

Aufgewachsen sind Zhang und seine Frau, beide 33 Jahre alt, in Harbin, der Hauptstadt der nordostchinesischen Provinz Heilongjiang, die landesweit wie auch international für ihr Eisfest bekannt ist. Die Winter in Harbin sind berüchtigt, und es ist zu einem großen Teil dem unglaublich farbenfrohen und riesigen Eisfest zu verdanken, dass die Stadt trotz ihrer Minusgrade (bis minus 40 Grad) Horden von Touristen anzieht. Alljährlich im Januar wird die gesamte Stadt mit teilweise lebensgroßen Eisskulpturen dekoriert, die von innen beleuchtet in allen Farben des Regenbogens erstrahlen. Der echte Harbiner besichtigt diese Welt in Eis, beispielsweise die Große Mauer oder den Eiffelturm, gelassen umherspazierend und die 40 Grad minus mit einem Vanilleeis in der Hand ignorierend. Der bekannte Reiseschriftsteller Paul Theroux, der ganz China in den 1980er Jahren mit dem Zug bereiste und auch Harbin zum Eisfest besuchte, zeigte sich vom Umgang der Harbiner mit dem Wetter beeindruckt: »Etwas in der Schwere der Stadt mit seinen dunklen und tristen Nächten erinnerte mich an entlegene Städte in Kanada. Doch in Kanada sprechen die Leute permanent über die Kälte und reißen Witze über sie. In Harbin und Heilongjiang spricht niemand jemals darüber, nur die Zugezogenen tun es, sie sprechen über nichts anderes.«

Ob Zhang und seine Frau es noch hören können, dass jeder, dem sie erzählen, woher sie kommen, sofort von der Kälte spricht? Sie lassen es sich nicht anmerken und freuen sich über die bewundernden Bemerkungen zum Eisfest. *»Ja, das ist wunderschön, wir haben schon die ganze Welt gesehen durch unser Eisfest! Einmal wurde sogar das Weiße Haus nachgebaut, alles wie echt, nur ein bisschen kleiner.«* Wieder einmal über die Kälte schreibend, wunderte sich Paul Theroux in seinem Harbin-Bericht über eine weitere Auffälligkeit: »Trotzdem diese Menschen unaufhörlich der harschesten Kälte ausgesetzt sind, zählen sie zu den freundlichsten und positiv gestimmtesten Menschen Chinas.« Unsere beiden Harbiner in

Shanghai bestätigen diese These. Sie gehen mit einer Fröhlichkeit und Herzlichkeit ihrer Arbeit nach, die erstaunlich ist. Sie sind dankbar für die Möglichkeit, mit ihrem Fladenstand überleben zu können. »Wir mögen unsere Arbeit, wir verdienen hier gutes Geld. Letztlich geht es doch immer um Geld, wenn man nichts hat, kann man nichts tun. Wir haben genug, um glücklich leben zu können.«

Sie beginnen ihren Arbeitstag um 3 Uhr morgens mit Vorbereitungen für den Fladenteig, zwischen 5 und 6 Uhr haben sie den größten Kundenansturm zu bewältigen. Den ganzen Tag über bereiten sie frische Fladen zu, dann kommen zwar weniger Kunden als zum Frühstück, aber es lohnt sich noch. Es ist ein einfacher, schlichter Snack, der zu Nordchina passt, aus Teig hergestellt, ballaststoffreich und heiß gebacken. Doch selbst im drückenden Sommer Shanghais sind die Fladen beliebt, und das Geschäft geht gut. Am frühen Abend, wenn die letzten Kunden gegangen sind, schließen Zhang und seine Frau den Stand und gehen nach Hause. Was sie dort am liebsten tun? »Essen und schlafen.« Essen sie Fladen? »Nein«, lachen sie, »die essen wir tagsüber, das reicht dann auch. Abends essen wir Reis mit Gemüse, manchmal Fleisch.«

Wir fragen, was sie an Harbin am meisten vermissen. Ihre zehnjährige Tochter, die dort bei den Großeltern lebt und die sie wegen der großen Entfernung nur sehr selten sehen können. Mit dem Zug dauert die Fahrt 32 Stunden und kostet umgerechnet pro Person etwa 30 Euro. Dafür gibt es aber nur einen Sitzplatz und die Reise ist anstrengend im überfüllten Abteil. Einen Platz im Liegewagen können sie sich bei einem Preis von umgerechnet 45 Euro nicht leisten. Was sie sonst aus ihrer Heimat vermissen? Natürlich das Eisfest. »Es ist einfach wunderschön. Wir vermissen es sehr. Schade, dass Shanghais Winter so warm sind.« <<<

有益健康
绿色食品

CONGBING

WÜRZIGE FLADEN MIT FRÜHLINGSZWIEBELN

Ergibt 8–10 Stück

Es gibt unzählige Varianten dieser Teigfladen, sie unterscheiden sich in Größe, Konsistenz und Geschmack. Die im Durchmesser etwa 60 cm großen Fladen der Straßenstände lassen sich zu Hause schwer zubereiten, daher stellen wir hier eine kleinere, aber ebenfalls köstliche Variante vor.

250 g Weizenmehl
½ TL Salz
150 ml heißes Wasser
Frühlingszwiebeln, in feine Ringe geschnitten
3 Streifen Speck nach Belieben,
in feine Würfel geschnitten
8–10 TL Sesamöl
Rapsöl zum Ausbacken

- Das Mehl und das Salz in einer großen Schüssel vermischen.
- Das Wasser hinzufügen und zu einem glatten Teig verkneten. Bei Bedarf Wasser oder Mehl nachgeben.
- Den Teig mehrere Minuten gut kneten, damit er weich und flexibel wird.
- Eine Arbeitsfläche mit Mehl bestäuben, aus dem Teig 8–10 Kugeln formen und diese nacheinander auf der Arbeitsplatte sehr dünn ausrollen.
- Die ausgerollten Fladen mit je einem Löffel Sesamöl bestreichen und die Frühlingszwiebeln (nach Belieben auch den Speck) darüberstreuen.
- Die Fladen zu einer länglichen Rolle formen. Nun die Teigrollen schneckenförmig aufrollen. Diese wiederum platt drücken und zu der gewünschten Größe und Dicke ausrollen.
- Das Rapsöl in einer Pfanne auf mittlerer Stufe erhitzen.

- Die Fladen nacheinander (kleinere auch zu mehreren gemeinsam) in die heiße Pfanne geben und von beiden Seiten goldbraun ausbacken.
- Mit einer Sauce (jeweils zur Hälfte Sojasauce und Reisessig) oder mit Chilisauce zum Dippen heiß servieren. Sie können auch schwarze Sesamsamen über den Fladen streuen oder ein Ei darauf zerschlagen und kurz mit anbraten.

YOUTIAO & DOUJIANG

FRÜHSTÜCK MIT TOTENGESANG

Name: Ji Renwei
Alter: 41
Herkunft: Zhejiang
Lage der Garküche: Kunshanroad, Bezirk Hongkou
Küche: Typisches chinesisches Frühstück

>>> Der Inhaber des Nachbargeschäfts von Ji Renwei in der Kunshanroad ist am Vortag verstorben. Im Hinterzimmer haben sich buddhistische Mönche versammelt, um die Todesgebete zu sprechen. Man hört ihre leisen Stimmen bis auf die Straße hinaus. Entsprechend gedrückt ist die Stimmung, auch bei Ji Renwei und seiner Frau. Ihre bunt gemusterten T-Shirts stehen im Widerspruch zum Ausdruck auf ihren Gesichtern. Sorgenvoll und verschlossen gehen sie wie gewohnt ihrer Arbeit nach.

Heute wie an jedem anderen Tag waren sie seit 3 Uhr nachts mit den Vorbereitungen für das Frühstück, ihr Hauptgeschäft, beschäftigt, haben den großen Kundenansturm zwischen 7 und 8 Uhr bewältigt und bedienen nun zwischen 9 und 10 Uhr die letzten vereinzelten Frühstücksgäste des Tages. Aber man merkt ihnen an, dass es kein Tag wie jeder andere ist. Einige Youtiao sind noch da und es gibt Doujiang, süße Sojamilch, dazu. Auch einen gefüllten Reisball kann Ji noch anbieten. Sie leben seit 20 Jahren in Shanghai und hatten schon verschiedenste Straßenstände und kleine Geschäfte, je nachdem, wo Bedarf da war. Heute ist es schwierig geworden in Shanghai. Über die Jahre hat es immer wieder Gerüchte, Berichte und Kampagnen bezüglich der Straßenstände gegeben. Youtiao, die in ganz China und besonders in Shanghai beliebten frittierten Brotstangen, seien mit Waschpulver versetzt worden, hieß es eine Zeit lang. Der Verzehr sei gesundheitsgefährdend. Von anderen Snacks sagte man, es werde dafür Gulliöl verwendet, also das Öl, das sich auf dem Abwasser in der Kanalisation absetze. Ob es vereinzelt tatsächlich solche Fälle gegeben hat, lässt sich schwer sagen; in jedem Fall haftet diesen Gerüchten aber immer die Aura einer Kampagne an, und es verstärkt sich der Eindruck, dass einige Stadtregierungen die chaotischen und von vergangenen Zeiten zeugenden Straßenstände notfalls auch mithilfe von Kampagnen aushungern lassen wollen.

In der Kunshanroad läuft es noch ganz gut, die Nachbarn aus den kleinen Gassen in der Umgebung schätzen das schnelle und frisch zubereitete Frühstück bei Ji Renwei. Sein Laden ist sehr gut in Schuss, die Gerätschaften und das Geschirr zwar einfach und alt, aber sauber.

Ji spricht nicht viel, und wir lassen ihn in Ruhe. Es ist nicht der Tag, um mit fremden Ausländern ein Pläuschchen zu halten. Das Frühstück aber ist köstlich, und so verzehren wir es schweigend. Als wir bezahlen und gehen, beenden die Mönche im Hinterzimmer gerade ihren Gesang und machen sich ebenfalls zum Aufbruch bereit. Sie werden morgen wiederkommen, jeden Tag, eine Woche lang. <<<

YOUTIAO
FRITTIERTES STANGENBROT

1 TL Backsoda (Natron)
evtl. 1 TL Alaunpulver (siehe Hinweis)
2 TL Salz
220 ml Wasser
350 g Weizenmehl
1 EL Backpulver
reichlich Öl zum Frittieren

- Backsoda, Alaun und Salz in einer großen Rührschüssel vermischen. Das Wasser hinzufügen und rühren, bis sich alles gut aufgelöst hat. Die Mischung sollte Blasen werfen.

- Das Mehl und das Backpulver gut vermischen, in die Rührschüssel dazugeben und zu einem weichen Teig verkneten.

- Den Teig mit etwas Öl einreiben, in Klarsichtfolie einwickeln und etwa 1 Stunde ruhen lassen.

- Den Teig erneut vorsichtig kurz durchkneten (nicht zu stark kneten, um die Luftigkeit des Teigs nicht zu zerstören), die Teigkugel mit der Hand mit Öl einreiben und möglichst luftdicht in Klarsichtfolie verpacken. Eine weitere Stunde ruhen lassen.

- Die Arbeitsplatte mit Mehl bestäuben, den Teig dünn ausrollen und in 10 x 2 cm große Streifen schneiden.

- Wenn der gesamte Teig auf diese Weise verarbeitet ist, jeweils zwei Teigstücke passend aufeinanderlegen.

- Mit der stumpfen Rückseite eines Messers mehrere Längsrinnen in die Teigstapel ziehen.

- In einem großen Topf oder Wok reichlich Öl erhitzen.

- Wenn das Öl heiß ist (zum Test einen Holzkochlöffel hineinhalten; steigen sofort Bläschen auf, ist das Öl heiß genug), die Teigstapel einzeln nehmen, sanft auf eine Länge von etwa 20 cm ziehen und vorsichtig in das Öl geben, bis sie aufpuffen. Etwa 1 Minute backen, bis sie auf allen Seiten goldbraun sind. Es können etwa 3 Stück zur gleichen Zeit gebacken werden.

- Die Youtiao herausnehmen, auf einem mit Krepppapier ausgelegten Teller kurz abtropfen lassen und heiß servieren.

- Die Youtiao werden pur gegessen, dazu gibt es häufig heiße oder kalte Sojamilch. Sie sind geschmacklich überraschend mild und eignen sich auch als Beilage zu herzhaften Gerichten oder mit Sauce serviert. Youtiao sollten nicht aufbewahrt werden, da sie nach einigen Stunden lasch und zäh werden.

Hinweis: Alaunpulver wird in China verwendet, um eine krossere Oberfläche zu erhalten. Es kann aber Verdauungsprobleme hervorrufen, daher eventuell weglassen.

DOUJIANG
SÜSSE SOJAMILCH

400 g Sojabohnen
250 g Zucker

- Die Sojabohnen gut abspülen, bis das ausfließende Wasser klar ist.
- Die Bohnen mit der dreifachen Menge Wasser in eine Schüssel geben und etwa 14 Stunden einweichen lassen.
- Danach das Einweichwasser ablaufen und die Bohnen abtropfen lassen.
- Etwa 1½ l Wasser hinzugeben und die Bohnen mit dem Wasser in mehreren Runden nacheinander pürieren.
- Ein Sieb mit einem Baumwolltuch auslegen und über einen großen Topf hängen.
- Das Sojabohnenpüree mit einem weiteren Liter Wasser durch Tuch und Sieb in den Topf pressen. Die im Tuch verbleibenden festen Reste wegwerfen.
- Die Flüssigkeit im Topf bei mittlerer Hitze zum Kochen bringen. Die Hitze reduzieren und etwa 10 Minuten köcheln lassen, um den Bohnen den starken Geschmack zu nehmen.
- Den Zucker hinzugeben und heiß servieren.

ZIFAN

GEFÜLLTE KLEBREISBÄLLE

Die hier dargestellte Variante ist eine von Tausenden. Sie entspricht in etwa der Zubereitung, wie wir sie bei Herrn Ji erlebt haben. Bei der Füllung sind Ihrer Fantasie keine Grenzen gesetzt und letztlich ist alles möglich, was schmeckt.

fertig gekochter Klebreis
Erdnüsse
scharf eingelegtes Gemüse
Youtiao, klein geschnitten

- Eine Kelle voll Reis nehmen und auf der Handfläche platt drücken.
- Die Erdnüsse, das Gemüse und Youtiao darauflegen.
- Den Reis mit der Füllung zusammenrollen und zu einer festen Kugel formen.
- Sofort verzehren oder als Snack für unterwegs zubereiten.

CHOU DOUFU

AUSGEGLICHENE WEISHEIT UND DER STINKIGSTE SNACK DER STADT

Name: Cai Ruolin (m)
Alter: 27
Herkunft: Shanghai
Lage der Garküche: Fuzhou Road, Bezirk Huangpu
Küche: Frittierter Stinketofu

>>> Die Nase nimmt Witterung auf: Es stinkt. Es stinkt wirklich. Erst als leichte, irritierende Note in der Straßenluft der Fuzhou Road, dann deutlicher. Es ist ein Leichtes, der Nase zu folgen, die Quelle des Gestanks ist schnell ausgemacht. Immerhin 500 Meter nach der ersten geruchlichen Spur stehen wir vor einer kleinen Ecke an der Fuzhou Road, unweit des Bunds, der Uferpromenade Shanghais. Chou Doufu, fermentierter Tofu, wird hier angeboten, wörtlich übersetzt: Stinketofu. Man liebt ihn oder man hasst ihn. Chinesen wie Ausländer, Alte wie Kinder, Männer wie Frauen: Stinketofu lässt niemanden kalt.

Der wohl meist diskutierte Snack Chinas besteht aus Tofu, der traditionellerweise wochenlang in gewürzter Lauge eingelegt wird, bis er bis in die letzte Zelle fermentiert ist und seinen unverkennbaren Geruch verströmt. Heute setzt fast niemand mehr selbst die Lauge an, die Geruchtoleranzschwelle ist auch in Shanghaier Nachbarschaften gestiegen. Stattdessen kann der fermentierte Tofu fertig industriell hergestellt erworben werden.

Bevor nun aber ein falscher Eindruck entsteht: Chou Doufu ist köstlich! Käseliebhaber kennen es: Je stärker der Gestank, umso besser und milder der Geschmack.

Das sehen auch Cai Ruolin und seine Mitarbeiter so. Cai hat vor einem Jahr diesen Stand mit angeschlossener kleiner Garküche eröffnet. Der Grund war: Er ging durch die Straßen der Shanghaier Innenstadt und seine Nase nahm viele Spuren auf, aber nie diese eine. Er konnte nicht glauben, dass es in dieser Gegend wirklich keinen Stinketofu-Stand geben sollte, aber so war es. Also eröffnete er selbst einen, und das Geschäft brummt. Täglich von 10 bis 19.30 Uhr geöffnet, ist der Kundenansturm zwischen 12 und 17 Uhr am größten. Auch Ausländer der nahe gelegenen Bürohochhäuser zählen zu seinen Stammkunden. Drei Tage im Monat nimmt Cai sich frei, um Zeit mit seiner Frau zu verbringen.

东江
鸡

Neben dem köstlichen Chou Doufu liegt der Erfolg seines Geschäfts vielleicht zu einem gewissen Teil auch an seinem Personal. Das Gesicht seines Stands ist nicht er selbst, sondern Zhang Xuifang. Dieser Frau und ihrem strahlenden Lächeln kann nichts etwas anhaben. Sie frittiert den ganzen Tag in einem kleinen Raum den stinkigsten Snack ganz Chinas und sieht dabei aus, als wäre sie eine gefeierte Gourmetköchin auf dem Titelblatt von Essen & Trinken. In ihrem Schatten verschwindet ihr Chef, und es scheint ihm ganz recht zu sein: »Ich muss zugeben, dass mir der ganze Trubel hier ein bisschen viel ist. Natürlich ist es toll, dass das Geschäft so gut läuft, aber wirklich entspannt bin ich nur, wenn ich abends hier allein sitze und die Abrechnung mache oder aufräume.«

Und überhaupt, er hofft, dass es mit seinem Stand so weitergehen wird wie bisher: »Mit normal viel Arbeit ein gutes Einkommen erzielen, ohne reich zu werden. Das ist meine Vorstellung von einem zufriedenen Leben.« Möchte er wirklich nicht reich werden? Hat er keine materiellen Wünsche, ein Auto, ein Haus? *»Ganz ehrlich? Nein. Wenn man zu viel Geld hat, wird man müde und alles wird zum Überdruss. Man bekommt schlechte Haut, verlangt immer mehr vom Leben und ist nie zufrieden.«* Ein Stück unerwartete Lebensweisheit am stinkigsten Ort der Gegend. <<<

CHOU DOUFU
FRITTIERTER STINKETOFU

Man liebt ihn oder man hasst ihn: Versuchen Sie es einfach. Sorgen Sie aber für eine gute Lüftung!

500 g fermentierter Tofu
reichlich Öl zum Frittieren
scharfe Chilisauce
Hoisin-Sauce

- Den Tofu in Würfel von 3 cm Kantenlänge schneiden.
- Das Öl im Wok auf höchster Stufe erhitzen, den Tofu hineingeben und von allen Seiten auf höchster Stufe frittieren, bis der Tofu knusprig und goldbraun ist.
- Mit einem Schaumlöffel aus dem Öl heben, auf Küchenkrepp abtropfen lassen und mit scharfer Chilisauce oder Hoisin-Sauce heiß servieren.

XINJIANGCAI

REICHE UIGURISCHE (ESS-)KULTUR AUS DEM FERNEN WESTEN

Name: Ma Ali (m)
Alter: 18
Herkunft: Yili, Xinjiang
Lage der Garküche: Yunnan Road, Bezirk Huangpu
Küche: Uigurische Alltagsküche

>>> Die Familie von Ma Ali kommt aus einer Welt, die hier, in der Yunnan Road im Herzen Shanghais, unvorstellbar erscheint: Yili, 60 km östlich von der kasachischen Grenze, 400 km westlich von Urumqi, der Hauptstadt der Uigurischen Autonomen Provinz Xinjiang im äußersten Westen Chinas.

Yili, benannt nach dem die Region durchfließenden Fluss, ist ein vom Hochgebirge umgebenes fruchtbares Tal, das landschaftlich in seiner Lieblichkeit an Alpenregionen erinnert. Blumenwiesen an frisch sprudelnden Bächen kontrastieren mit sich majestätisch am Horizont erhebenden Gipfeln – diese Landschaften sind fast zu schön, um wahr zu sein, und so wird ihnen dieses Wahre auch auf Fototapeten im ganzen Land abspenstig gemacht.

Xinjiang, wörtlich übersetzt »neue Gebiete«, grenzt an Russland, die Mongolei, Kasachstan, Kirgisistan, Tadschikistan, Afghanistan, Pakistan und Indien und ist nicht von dieser (chinesischen) Welt.

Wenngleich die chinesische Regierung seit der Schaffung des Autonomen Gebiets 1955 vieles unternimmt, um diese geschichtsträchtige, kulturell, landschaftlich und religiös bemerkenswert eigene Gegend in ihr Reich zu integrieren und nutzbar zu machen. Und dies nicht ohne Erfolg: Die ursprünglich überwiegend von muslimischen Turkvölkern wie den Uiguren, Usbeken, Kirgisen, Tataren und Kasachen bewohnte Region wird zunehmend durch strategische Ansiedlung von Han-Chinesen sinisiert. Seit den 1950er Jahren ist der Anteil der uigurischen Bevölkerung an den heute knapp 20 Millionen Einwohnern Xinjiangs von 75 auf 45 Prozent gesunken, während der Anteil der Han-Chinesen von damals 6 auf heute über 40 Prozent gestiegen ist. Die reichen Bodenschätze wie Öl und Gas, deren Ausbeutung 60 Prozent der lokalen Wirtschaft ausmachen, kommen dabei vor allem den zugewanderten Han-Chinesen zugute.

Für viele Uiguren ist es schwierig geworden, in ihrer Heimat einen Lebensunterhalt zu verdienen. Und so zieht es sie in die großen Städte im Osten, wo viele von ihnen versuchen, sich mit Restaurants über Wasser zu halten. Ihre Küche ist im ganzen Land beliebt, und viele ausländische China-Reisende schwärmen noch lange nach ihrer Rückkehr von den uigurischen Gerichten, die Einflüsse der zentralasiatischen, persischen, russischen und chinesischen Küche verbinden.

Das Restaurant, in dem Ma Ali arbeitet, hat vor zehn Jahren hier eröffnet. Damals gab es zahlreiche uigurische Restaurants in der Gegend, heute sind es weniger geworden. Woran das liege? »Das wissen wir nicht. Es kann viele Gründe haben.«

Mit seinen 20 Tischen ist das Restaurant relativ groß. Vor der Tür steht, reich verziert und mit Blechintarsien versehen, der Kebabgrill, an dem Ma Alis Kollegen permanent frische Lammspieße zubereiten. Diese werden im Restaurant serviert oder auch außer Haus verkauft und zählen zu den besten in ganz Shanghai. Manchmal arbeitet auch Ma Ali am Grill, doch in der Regel erledigen das seine Kollegen. Sie sind älter und robuster. Ma Ali ist mit seinen 18 Jahren noch recht still und zurückhaltend. Seine schmächtige Gestalt wird von einem breiten Hemdkragen eher unterstrichen als kaschiert. *Wer einmal die Gesichtszüge der Bevölkerung Xinjiangs studiert hat, stellt fest, dass sie Bände über ihre kulturelle und regionale Vielfalt sprechen.* Während einige wie Ma Ali eher ostasiatisch aussehen, finden sich auch zahlreiche andere Einflüsse, so sind in einigen Regionen auch blonde Haare und eine helle Haut nichts Ungewöhnliches.

Täglich von 9 bis 00.30 Uhr arbeitet er im Restaurant, die Spezialitäten hier sind ähnlich wie in anderen uigurischen Restaurants in Shanghai: Dapanji (große Huhnplatte), Laohucai (Tigersalat), Yangrouchuan (Lammkebabs), Nudeln und vieles andere mehr. Auf unsere Frage, welche Gerichte des Restaurants besonders gut sind, beginnt er, uns die Speisekarte vorzulesen. Offensichtlich erleichtert über diese einfache Möglichkeit einer Antwort, fährt er damit fort, bis er die ganze Speisekarte einmal vorgelesen hat. Bleibt noch die Frage nach den Getränken. Hier hat er eine schnelle Antwort parat: Beliebte Getränke sind Milchtee (süß oder salzig) oder frisch gepresster Granatapfelsaft. Auch er trinkt ihn gern: »Wer diesen Saft einmal probiert hat, verlangt immer wieder danach. Wenn die Granatäpfel in Xinjiang reif sind, gibt es nichts, was besser schmeckt!« Ob als Saft oder direkt frisch als Frucht – der Granatapfel ist aus der uigurischen Kultur, heute überwiegend muslimisch, nicht wegzudenken. Im Koran heißt es über den Granatapfel: »Betrachtet ihre Frucht, wenn sie Früchte tragen, und ihr Reifen. Wahrlich, hierin sind Zeichen für Leute, die glauben.« »Anar Sherbete« heißt der Granatapfelsaft auf uigurisch und wird in ganz Xinjiang an Straßenständen angeboten. »Hier in Shanghai findet man selten gute Granatäpfel, meistens schmecken sie mehr nach Holz als nach süßen Früchten.«

»Salam aleikum!«, ruft ein junger Mann aus vollem Hals in das Restaurant und setzt sich an einen Tisch ans Fenster. Ma Ali sieht sich um, ob der Gast eine Person in der hinteren Ecke des Restaurants meint. Da ist niemand. Ma Ali geht zu ihm und sagt deutlich leiser die Antwort auf diesen muslimischen Gruß: »Wa aleikum assalam!«

Der Gast diktiert nun dem direkt neben ihm stehenden Ma Ali seine gesamte Bestellung in voller Lautstärke, die anderen Gäste drehen sich bereits nach ihm um. Als er wieder zu uns kommt, erzählt Ma Ali uns, dass der Gast aus Turpan kommt, der dritttiefsten Senke der Welt. »Versteht ihr nicht? Deswegen schreit er so! Alle aus Turpan schreien so …« Die Turpan-Senke ist für ihre permanenten ohrenbetäubenden Winde bekannt.

Kaum eine Region Chinas ist kulturell und landschaftlich so vielfältig und spannend wie Xinjiang. Die saftigen Wiesen in Ma Alis Heimat gehören ebenso dazu wie uralte Oasen- und Basarstädte wie Kashgar und Khotan und die vom schwedischen Forscher und Abenteurer Sven Hedin immer wieder beschriebene zweitgrößte Sandwüste der Welt, die Taklamakan.

Es lohnt sich, diese Welt und ihre Kultur zu erkunden – am Anfang kann ein Besuch in einem ihrer Restaurants stehen. Es sollte und wird nicht der letzte Schritt zum Kennenlernen und Verstehen dieser »neuen Gebiete« sein. <<<

YANGROUCHUAN
LAMMKEBAB

1 kg Lamm (mit Fett)
5 EL Kreuzkümmelpulver (Cumin)
2 EL Chiliflocken
2 EL gemahlener schwarzer Pfeffer
1 EL Chilipulver
1 EL frisch gepresster Knoblauch
2 EL Salz
5 EL Zitronensaft
2 EL helle Sojasauce
5 EL Rapsöl
Bambusspieße

- Das Lammfleisch in lange dünne Streifen schneiden (möglichst viel Fett daran lassen für einen intensiven Geschmack).

- Alle weiteren Zutaten zu einer Marinade verrühren und die Lammstreifen etwa 2 Stunden darin marinieren.

- Die Bambusspieße in kaltem Wasser einweichen, damit sich das Fleisch besser daraufstecken lässt und die Spieße auf dem Grill länger halten.

- Das Fleisch auf die Spieße stecken und über dem Grill von allen Seiten jeweils etwa 3 Minuten grillen, währenddessen nach und nach zusätzlich Kreuzkümmelpulver und Chiliflocken darüberstreuen.

- Heiß servieren – wer möchte im Fladenbrot.

POLO
UIGURISCHER REISPILAW

In ganz Zentralasien und wie auch in Persien finden sich die verschiedensten Ausprägungen von Pilaw. Die uigurische Variante wird je nach Region unterschiedlich zubereitet, manchmal nur mit Lamm und Karotten, manchmal verfeinert mit Kichererbsen, Granatapfel und Rosinen. Traditionell wird dieses Gericht mit den Händen gegessen, daher auch der chinesische Name »Shouzhuafan – mit den Händen gegessener Reis«. Heutzutage wird aber überwiegend ein Löffel benutzt, in den Restaurants sowieso, doch auch am Familientisch. Weil das Polo häufig recht ölig und deftig ist, wird in der Regel ein Schälchen sauer eingelegtes Gemüse und Joghurt dazugereicht.

Hier wird die einfachere Kochvariante mit mehreren Töpfen in verschiedenen Zubereitungsschritten vorgestellt, da die Methode, alles in einem Wok zu garen, nur mit viel Erfahrung gelingt.

1 Zwiebel, in Ringe geschnitten
etwa 1½ Tassen Öl
750 g Lamm (am besten Keule), in 2,5 cm große Würfel geschnitten
Wasser
Salz
2 EL Kreuzkümmelpulver (Cumin)
1 EL gemahlener Koriander
1 TL Zimt
350 g Reis (vorzugsweise Basmati)
2 große Karotten, in streichholzgroße Stifte geschnitten
1 TL Zucker
1 Handvoll Rosinen nach Belieben
Pfeffer

- Die Zwiebelringe in reichlich Öl anbraten, bis sie leicht braun geworden sind.
- Die Lammwürfel hinzugeben und ebenfalls anbraten, bis sie gebräunt sind.
- 2 Tassen Wasser, 1 TL Salz, 1 EL Kreuzkümmel, den Koriander und Zimt hinzufügen, den Topf zudecken und etwa 1 Stunde köcheln lassen, bis das Fleisch gar ist.
- Das Lamm aus dem Saft nehmen und beiseitestellen.
- Den Bratensaft in einen Messbecher gießen und mit kochendem Wasser auf 500 ml Gesamtflüssigkeit auffüllen. Zurück in den Topf geben, erhitzen und den Reis hineingeben. Den restlichen Kreuzkümmel und etwa 1½ TL Salz dazugeben.
- Kochen, bis das Wasser aufgenommen ist und der Reis zart, aber noch leicht körnig ist.
- Gleichzeitig die Karottenstifte mit dem Zucker in Öl anbraten, bis sie zart sind. Die Rosinen nach Belieben hinzufügen und braten, bis sie anschwellen und die Karotten eine bräunliche Farbe annehmen.
- Nun alle Zutaten (Lamm, Karotten, Rosinen und Reis) vermischen und in eine große ofenfeste Form geben. Abgedeckt im Ofen warm halten oder sofort servieren. Mit frisch gemahlenem Pfeffer abschmecken.

YANGROUTANG
WÜRZIGFRISCHE LAMMSUPPE

1 kg mageres Lammfleisch, in 6–8 cm große Würfel geschnitten
3–5 cm Ingwer (etwa 100 g), geschält und in sehr feine Scheiben geschnitten oder gehobelt
2 TL Salz
5–7 kleinere Tomaten (etwa 500 g), in Achtel geschnitten
3 Knoblauchzehen, geschält und zerdrückt
1 EL Sesamöl (von geröstetem Sesam)
½ Kopfsalat, in grobe Blätter gezupft
frisch gemahlener schwarzer Pfeffer

- Einen großen Topf mit Wasser auf hoher Flamme zum Kochen bringen.

- Das Lammfleisch hineingeben und kurz aufkochen lassen. Herausnehmen, das Wasser abgießen und vorsichtig eventuell noch vorhandenes Blut aus dem Fleisch drücken (das ist wichtig für eine schön klare Brühe).

- Das Lammfleisch zurück in den Topf geben, erneut Wasser hinzufügen, bis das Fleisch gerade bedeckt ist, Ingwer und Salz hinzufügen. Bei mittlerer Hitze halb zugedeckt etwa 1 Stunde köcheln lassen, bis das Fleisch gar ist (falls nötig etwas Wasser nachgießen).

- Wenn noch zu viel Blut im Fleisch enthalten war, bildet sich ein unschöner grauer Schaum, den man mit dem Schaumlöffel abschöpfen sollte.

- Das Lammfleisch herausnehmen und in kleinere Würfel oder feine Streifen schneiden, beiseitelegen.

- Die Brühe abschmecken, falls nötig nochmals mit etwas Salz nachwürzen.

- Die Tomaten in die köchelnde Brühe geben und kochen, bis sie beginnen, zu zerfallen. Knoblauch und Sesamöl hinzufügen.

- Die Lammfleischwürfel wieder dazugeben und kurz aufkochen lassen.

- Nun die Salatblätter dazugeben und sehr kurz erhitzen, die Blätter werden sofort glasig.

- Die Suppe vom Herd nehmen, mit frisch gemahlenem Pfeffer abschmecken und heiß servieren.

Hinweis: Wird nicht gleich die ganze Suppe gegessen, die entsprechende Menge vor Zugabe der Salatblätter beiseitestellen.

DAPANJI

GROSSE HÜHNERPLATTE

Die besondere Kunst dieses Gerichts liegt in der Sauce. Daher ist der letzte Teil des Gerichts, wenn auf Wunsch für die verbliebene Sauce frisches Brot zum Aufdippen oder eine Schüssel heiße Nudeln gereicht wird, besonders beliebt. In manchen Varianten wird das Gericht direkt auf einem Nan-Brot serviert.

Öl
4 ganze getrocknete Chilischoten
1 EL Sichuan-Pfeffer
4 ganze Sternanis
2 Zimtstangen
1 EL Kreuzkümmelsamen (Cumin)
3 kleine Frühlingszwiebeln, längs in Streifen geschnitten
2 cm Ingwer, geschält und in feine Scheiben geschnitten
1 ganzes Huhn, mit Knochen, in mundgerechte Stücke geschnitten
5 Kartoffeln, geschält und in grobe Würfel geschnitten
2 kleine Karotten, geschält und in grobe Würfel geschnitten
1 EL weißer Pfeffer, gemahlen
2 EL Kreuzkümmelpulver (Cumin)
2 große reife Tomaten, in große Würfel geschnitten
2 frische Chilischoten, entkernt und klein gewürfelt
1 Zwiebel, geschält und in Scheiben geschnitten
Wasser
Salz

für den zweiten Gang Nudeln oder Brot für die Sauce nach Belieben

- Reichlich Öl im Wok auf höchster Stufe erhitzen.

- Die getrockneten Chilis und den Sichuan-Pfeffer dazugeben und etwa 1 Minute anbraten, dann den Sternanis, die Zimtstangen, die Kreuzkümmelsamen, die Frühlingszwiebeln und den Ingwer hinzufügen und 1 weitere Minute anbraten.

- Die Huhnstückchen dazugeben und goldbraun anrösten.

- Nun die Kartoffeln dazugeben, und wenn diese leicht bräunlich werden, die Karotten hinzufügen und weitere 2 Minuten mit braten.

- Den weißen Pfeffer und das Kreuzkümmelpulver dazugeben und alles mit Wasser bedecken. Mit Salz abschmecken und etwa 15 Minuten köcheln lassen, bis die Kartoffeln gar sind.

- Anschließend die Tomaten, die frischen Chilis und die Zwiebeln dazugeben und köcheln lassen, bis die Tomaten und Zwiebeln gar sind.

- Nach Belieben mit Salz und den weiteren Gewürzen abschmecken.

- Auf einer großen Servierplatte anrichten: Wer mag, der nimmt Fladenbrot oder Nudeln bereits als Grundlage, schichtet darauf das Huhn und Gemüse auf und gibt dann die Sauce darüber. Ansonsten kann die verbliebene Sauce später mit Brot oder Nudeln verzehrt werden.

LAOHUCAI

TIGERSALAT

1 großes Bund frischer Koriander, in etwa 5 cm lange Stücke geschnitten
2 längliche türkische grüne Paprika, halbiert und in feine Ringe geschnitten
1 frische Chilischote, entkernt und in feine Streifen geschnitten
1 kleine türkische Gurke, in feine Streifen geschnitten
2 Tomaten, entkernt und in Achtel geschnitten
1 Frühlingszwiebel, in feine Streifen geschnitten
1 EL Rapsöl
Salz
Sesamöl
Weißweinessig

- Koriander, Paprika, Chili, Gurke, Tomaten und Frühlingszwiebel in einer großen Schüssel vermischen.

- Das Rapsöl und das Salz hinzufügen, leicht vermischen. Mit einigen Tropfen Sesamöl, Essig und nach Belieben mit Salz abschmecken, erneut mischen und sofort servieren.

GANBIANSIJIDOU
TROCKEN UND SCHARF GEBRATENE GRÜNE BOHNEN

500 g feine grüne Bohnen
Öl
5 Knoblauchzehen, geschält und in feine Scheiben geschnitten
2 EL Ingwer, geschält und fein gehackt
2 EL eingelegtes chinesisches Gemüse
8 getrocknete Chilischoten
1 EL Sichuan-Pfeffer
grobes Meersalz

- Die Bohnen waschen und putzen.

- In einem Wok oder einer großen Pfanne das Öl auf höchster Stufe erhitzen und die Bohnen etwa 5 Minuten darin braten, bis die Bohnenhaut Blasen schlägt und die Bohnen gar sind. Die Bohnen aus dem Wok nehmen und beiseitestellen.

- Nun den Knoblauch, den Ingwer, das eingelegte chinesische Gemüse, die Chilischoten und den Sichuan-Pfeffer in den Wok geben und gar braten.

- Die Bohnen dazugeben und alles zusammen scharf anbraten, bis keine Flüssigkeit mehr vorhanden ist. Nach Belieben mit grobem Meersalz bestreuen. Heiß servieren.

KAWA MANTISI
KÜRBISTEIGTASCHEN

Ergibt ca. 40 Teigtaschen

FÜR DIE TASCHEN

1 mittelgroßer Kürbis, geschält und in sehr kleine Würfel geschnitten
1 Handvoll Lammfett, fein gehackt (oder vegetarisches Zwiebelschmalz)
2 Chilischoten, fein gehackt
1 Zwiebel, geschält und fein gehackt
Kreuzkümmelpulver (Cumin)
Salz
Pfeffer
40 Wantan-Blätter

ZUM GAREN

Bambusdämpfkörbe oder Dampfgarer
2 EL neutraler Essig
Muffinförmchen aus Papier

- Die Kürbiswürfel, das Lammfett (oder das vegetarische Schmalz), die Chilis und die Zwiebel in einer großen Schüssel vermischen und mit Kreuzkümmel, Salz und Pfeffer abschmecken.

- Die Wantan-Blätter bereitlegen. Auf jedes Blatt in die Mitte etwa 1 EL Kürbisfüllung platzieren, die Ränder des Blattes anfeuchten, über der Füllung zusammenschlagen und fest verschließen.

- Einen Topf mit etwas Wasser füllen, den Essig hinzugeben und ein Bambusdämpfkörbchen daraufsetzen. Die Teigtaschen auf Muffinförmchen setzen und in den Bambuskorb legen.

- Das Wasser auf mittlerer Stufe köcheln lassen und die Teigtaschen etwa 20 Minuten dampfgaren.

- Heiß servieren.

In anderen Regionen Zentralasiens werden zu den Teigtaschen Sour Cream, Chili- oder andere Saucen gereicht, in Xinjiang isst man sie pur.

CHAOMIAN

UNERMÜDLICHE ARBEIT FÜR DIE NÄCHSTE GENERATION

Name: Chen Shunyu (f)
Alter: 38
Herkunft: Fujian
Lage der Garküche: Qihe Road, Pudong
Küche: Gebratene Nudeln

>>> Eigentlich sei sie vor allem müde, sagt Chen Shunyu und wischt sich die Hände an ihrer pinkfarbenen Schürze ab, die in ihrer frischen Knalligkeit der Erschöpfung ihrer Trägerin zu widersprechen scheint. Die Inhaberin der kleinen Nudelküche schaut sich um, von ihren sechs Tischen ist derzeit nur einer besetzt, ein älterer Herr isst schweigend seine Bratnudeln. Chen setzt sich. Wie jeden Tag ist sie seit 5 Uhr in der Früh auf den Beinen, nun, am Nachmittag, ist es etwas ruhiger und die Müdigkeit macht sich bemerkbar. Zum Abend hin wird das Geschäft noch einmal etwas anziehen, gegen 20 Uhr macht sie den Laden dann dicht und geht nach Hause.

Chen und ihr Mann arbeiten viel. Ihr Sohn studiert an der Universität, sie wollen ihm ermöglichen, sich voll auf sein Studium konzentrieren zu können. Sie selbst haben nicht studiert und die Schule auch nur wenige Jahre besuchen können. Früh mussten sie in ihren Familien aushelfen und arbeiten gehen. Sie sind sehr stolz auf ihren Sohn. Die Dinge, die er ihnen aus seinem Soziologie-Studium berichtet, erschließen sich ihnen nicht immer, aber es macht ihnen Freude, ihm zuzuhören. In den Semesterferien hilft er ein wenig in der Garküche, aber eigentlich möchten sie das nicht. *»Er ist ein guter Sohn, er sagt, wir sollten auch einmal eine kleine Pause machen. Aber was würden wir mit der Zeit anfangen? Vielleicht ein bisschen mehr schlafen, sonst nichts. Da ist die Zeit bei ihm schon besser aufgehoben, er kann für sein Studium lernen.«*

Ein neuer Kunde betritt den Raum, setzt sich an einen Tisch neben der Tür und verlangt mit herrischer Stimme eine Portion gebratene Reisnudeln. Er sieht dabei Chen kaum an, ruft seinen Befehl eher ungerichtet in den Raum hinein, gewöhnt daran, dass jemand ihm Folge leisten wird. Der Kunde ist etwa 30 Jahre alt, er trägt einen schlecht sitzenden Anzug und Krawatte, vielleicht ein Angestellter eines Maklerbüros in der Umgebung. Chen steht auf, ruft »Kommt gleich« in seine Richtung und macht sich an die Arbeit. In roten Plastikschüsseln liegen fertig vorbereitet die Zutaten,

klein geschnittenes grünes Gemüse, Zucker, Salz, Chilisauce, Eier. Auch die gekochten Nudeln stehen auf Vorrat bereit. In einem großen Wok erhitzt Chen reichlich Öl, gibt Gemüse und Eier hinein, dann die Nudeln, würzt mit Salz und etwas Zucker, hebt die Nudeln auf einen Teller, gibt noch etwas Chilisauce dazu und serviert. Das Ganze hat vielleicht vier Minuten gedauert. Der Kunde schaut nicht auf, nimmt die Stäbchen und beginnt sofort zu essen. Als er fertig ist, legt er vier Yuan auf den Tisch und verlässt den Raum. Ob sie das nicht störe, so behandelt zu werden? *»Ach was, manche haben wenig Zeit, das versteht man doch. Andere haben mehr Zeit, die älteren Leute der Umgebung, die auch manchmal kommen, mit denen kann man sich ganz gut unterhalten. Von ihnen erfährt man auch viele Neuigkeiten aus der Gegend!«*

Chen räumt die Teller der letzten beiden Kunden weg und beginnt, die roten Zutatenschüsseln neu aufzufüllen, sie hackt Gemüse und holt Eier aus dem hinteren Lagerraum. Die Kunden, die nach der Arbeit auf dem Nachhauseweg ein paar schnelle und günstige Nudeln essen wollen, werden nicht mehr lange auf sich warten lassen. <<<

CHAOMIAN
GEBRATENE NUDELN

Bratnudelstände gibt es in ganz China, und ihre Rezepte variieren nach Region und Ausstattung der Stände. Die ganz einfachen Bratnudeln sind häufig ohne Fleisch, an anderen Ständen wird Hühner- oder Schweinefleisch zu den Nudeln gegeben. Letztlich ist alles möglich, das hier vorgestellte und von Chen empfohlene Rezept ist also eine Variante unter vielen.

500 g breite chinesische Nudeln aus Reismehl oder Weizenmehl (oder nach Rezept Seite 36 selbst hergestellt)
Rapsöl
2–3 Handvoll Pak Choi, in etwa 5 cm lange Stücke geschnitten
2 Handvoll Sojasprossen
3 Eier
2 EL Sojasauce
Salz
Zucker
Sambal Oelek

- Die Nudeln gar kochen und beiseitestellen.
- In einem Wok oder einer großen Pfanne das Öl auf höchster Stufe erhitzen.
- Den Pak-Choi hineingeben, kurz anbraten, dann die Sojasprossen und die Eier hinzufügen, alles gut verrühren. Nun die Sojasauce dazugeben.
- Die Nudeln hinzufügen und alles scharf anbraten, bis die Nudeln leicht glasig werden.
- Mit Salz (und wer mag auch mit Zucker) abschmecken.
- Heiß servieren und nach Belieben mit Sambal Oelek nachwürzen.

LUOBOSIBING & BING

ANDÄCHTIGE TRADITIONSPFLEGE MIT KRÄFTIGEN ARMEN

Name: Shi Zhaokai (m)
Alter: 27
Herkunft: Jiangsu
Lage der Garküche: Qihe Road, Pudong
Küche: Süß und salzig gefüllte Fladen; Gemüsepuffer

>>> Lange scheint es so, als würden dieses Gespräch und unser Verweilen an diesem Stand keine Eindrücke hinterlassen. Die Worte, die gewechselt werden, scheinen austauschbar und die Gesten sind ohne Begeisterung. Wir sind schon fast entschlossen, aufzubrechen und diesen Stand auf unserer »Verworfen«-Liste aufzuführen. Da steht unser Gesprächspartner Shi Zhaokai, ein groß gewachsener und gut gebauter junger Mann im hellblauen T-Shirt, auf, wirft einen Blick auf das brodelnde Öl im Topf vor sich und sagt: »Kommt mal mit, ich möchte euch etwas zeigen.«

Die letzte halbe Stunde hat er uns ein wenig von seinem Leben erzählt, von seinen Arbeitsschichten, die um 3.30 Uhr in aller Frühe beginnen und um 19.30 Uhr abends enden; von seinen Eltern, die diesen Laden vor ein paar Jahren eröffnet haben, von den Rettichpuffern und den süß oder salzig gefüllten Fladen. Dabei hat er kaum die Tonlage gewechselt und immer wieder die im heißen Öl langsam rotbraun werdenden Rettichpuffer gewendet. Das brodelnde Öl scheint ihn zu befremden, er hält einen gewissen Abstand dazu. Seine Mutter hat von ihrem Stuhl am Rande des Ladens gelauscht und ab und an ein paar Stichworte eingeworfen.

Nun folgen wir Shi vorsichtig durch eine schiefe Tür in einen Flur. Es ist dunkel und Shi bittet uns, auf unsere Schritte zu achten. Der kleine Flur ist voll gestellt mit Küchengeräten und Säcken, es ist schwer, nicht daran zu stoßen. Schließlich öffnet Shi am Ende des Flures eine hölzerne Tür, warmes Licht dringt daraus hervor und erleuchtet den Flur. Wir betreten den kleinen Raum dahinter, und einen Moment nimmt es uns den Atem: Alles scheint wie mit einem Weichzeichner gezeichnet zu sein, klare Konturen sind nicht erkennbar. Es dauert ein wenig, bis das Auge sich daran gewöhnt hat und die Ursache für diese unwirkliche Stimmung zu erkennen ist: Der Raum ist erfüllt von feinem Mehlstaub. Mehl bedeckt die Wände, Mehl dämpft unsere Schritte auf dem Boden und Mehl hängt in der Luft. Schließlich wird ein langer Tisch erkennbar, auf dem Tisch stehen drei große Bottiche, aus denen sich majestätisch schneeweiße Teigberge erheben. Ein anderer junger Mann steht an einem der Bottiche, die Ärmel hochgekrempelt, Schweiß auf der Stirn, und knetet den riesigen, sicherlich 10 Kilogramm wiegenden Teigberg wieder und wieder durch. Shi erklärt: »Hier stellen wir unseren Teig her, den verwenden wir für viele unserer Gerichte. Daraus lassen sich hervorragend die verschiedensten Fladen und andere Dinge herstellen.«

Mehl, Salz, Wasser und Backpulver bilden den Teig, der nach dem intensiven und kräftigen Kneten mehrere Stunden ruhen muss, bevor er verwendet werden kann. Auch Shi knetet jetzt an einem Bottich. Er gibt zu: »Das Frittieren ist nicht so meins, ich mag den Geruch und das klebrige Gefühl nicht.« *Der Teig, den seine Familie seit vielen Generationen auf dieselbe Weise herstellt, scheint ihm dagegen fast heilig zu sein. Lange knetet er schweigend, die kräftigen Arme in ständiger Bewegung.* Er scheint uns vergessen zu haben, und auch wir versinken im Anblick seiner meditativ-anmutigen Bewegungen. Als die Tür erneut geöffnet wird, schrecken wir hoch – sein Vater steht im Raum, herrscht uns an, was wir hier verloren hätten, und schmeißt uns aus seinem Laden. Er will keine Fremden an seinem Teig sehen. Shi lächelt entschuldigend, wir verschwinden und finden noch Stunden später Mehlspuren an unserer Kleidung. <<<

LUOBOSIBING

RETTICHPUFFER

250 g Rettich
3 TL Salz
250 g Kartoffeln
1 Frühlingszwiebel
3 EL Weizenmehl
etwas Backpulver
1 Ei
2 TL Sojasauce
2 TL Sesamöl
Öl zum Ausbacken

- Den Rettich schälen, fein reiben und mit dem Salz bestreuen, gut vermengen und beiseitestellen.
- Nun die Kartoffeln schälen und ebenfalls fein reiben.
- Die Frühlingszwiebel in etwa 5 cm lange feine Streifen schneiden.
- Den Rettich abtropfen lassen und die übrige Flüssigkeit aus der Rettichmasse ausdrücken.
- Nun alle weiteren Zutaten dazugeben und vermengen.
- In einer Pfanne reichlich Öl erhitzen und die Teigmischung in einzelnen Fladen in das heiße Öl geben. Von beiden Seiten goldbraun braten.

Die Shanghaier Straßenstände haben extra Backformen, mit denen sie den Teig im heißen Öl frittieren. Dies ist zu Hause schwer umzusetzen, die alternative Zubereitungsmöglichkeit schmeckt aber genauso gut.

TIANBING/XIANBING

SÜSS/SALZIG GEFÜLLTE FLADEN

TEIG

400 g Weizenmehl
etwas Backpulver
250 ml warmes Wasser
etwas Salz
1 Eiweiß
Öl

SÜSSE FÜLLUNG

6 EL Zucker
5 EL ungesalzene Erdnüsse, fein gehackt

SALZIGE FÜLLUNG

150 g gemischtes Hackfleisch
1 grüne Paprika, in dünne Streifen geschnitten
3 Frühlingszwiebeln, in dünne Streifen geschnitten
Salz
1 Chilischote, gehackt

- Das Mehl mit dem Backpulver, das Wasser und Salz zu einem glatten Teig verkneten, falls nötig etwas Wasser oder Mehl zugeben.

- Den Teig auf einer bemehlten Arbeitsfläche dünn ausrollen (etwa 1 mm dick). Kreise mit einem Durchmesser von etwa 15 cm ausstechen.

- Für die Füllung jeweils alle Zutaten gut miteinander vermischen und auf die Teigkreise geben. (Wer beim Hack ganz sicher gehen möchte, kann es auch vorher kurz anbraten, damit es gar ist.)

- Auf jeden zweiten Kreis 2 EL Füllung geben und glatt verstreichen, nur die Ränder aussparen. Auf die Ränder etwas Eiweiß pinseln, dann hält der Fladen gut zusammen.

- Nun jeden Kreis mit Füllung mit einem Teigkreis ohne Füllung abdecken und an den Rändern fest andrücken.

- Eine flache Pfanne mit etwas Öl auf mittlerer Stufe erhitzen, die Fladen hineingeben und mit einem Deckel abdecken. Etwa 2–3 Minuten backen, wenden und bei geschlossenem Deckel von der anderen Seite braten. Wenn die Fladen von beiden Seiten goldbraun sind, herausnehmen, auf Krepppapier kurz abtropfen lassen und heiß servieren.

JIACHANGCAI 1

EINFACHE HAUSMANNSKOST UND GEGENÜBER DIE WELT

Name: Zhang Lin (f)
Alter: 23
Herkunft: Jiangxi
Lage der Garküche: Pudongnan Road (gegenüber dem Haupteingang der Expo)
Küche: Shanghaier Hausmannskost »Jiachangcai«

>>> Ist es eine große Straßenküche oder ein kleines Restaurant? Manchmal lässt sich das nicht so genau entscheiden. Fest steht jedoch, dass man hier richtig gutes, einfaches Shanghaier Alltagsessen serviert bekommt. Dabei liegt dieser Ort direkt gegenüber vom Haupteingang des Geländes der Shanghai World Expo 2010. An jedem anderen Ort der Welt hätte eine solche Lage zwangsläufig zu einer Anhebung der Preise, zu einem neuen internationalisierten Speisenangebot und einem unüberschaubaren Kundenansturm geführt. Nicht so hier. Selbst zu Hochzeiten der Expo verzeichnet diese Küche nur leicht steigende Kundenzahlen.

Die Erklärung ist einfach: Der Großteil der Expo-Gäste reist aus anderen Teilen der Stadt oder des Landes in Bussen an. Früh morgens beginnt das Schlangestehen an den Expo-Eingängen, es folgt ein ganzer Tag mit weiterem Schlangestehen, bis zu 7 Stunden beispielsweise für den Deutschlandpavillon. Zwischendurch wird schnell irgendwo auf dem Gelände ein Snack organisiert, während der andere Teil der Familie weiter in der Schlange steht. Viele bringen sich ihr Essen auch einfach von zu Hause mit, die Preise auf dem Gelände sind hoch. Am Abend reisen die Besucher erschöpft wieder ab. *Die direkte Umgebung des Expo-Geländes spürt fast nichts davon, dass täglich etwa 300 000 Menschen zur Expo streben, nur die großen Busparkplätze bezeugen es.* Befürchtungen besonders von ausländischen Bewohnern der Umgebung, ihre Viertel könnten bald von Horden von Besuchern überrannt, als Toilette oder Picknickplatz missbraucht werden, waren unbegründet. Das Leben in der Nachbarschaft geht weiter, als wäre nichts geschehen.

Und so beobachtet auch Zhang Lin, die 23-jährige Bedienung, die täglich von 11 bis 23 Uhr hier arbeitet, das Treiben auf der anderen Straßenseite distanziert interessiert. »Manchmal kommen Expo-Besucher auch zu uns, aber das sind dann eher Shanghaier, die nicht weit von hier wohnen und mit der U-Bahn angereist sind. Für uns hat sich durch die Expo nicht viel geändert. Außer natürlich, dass es jetzt hier eine U-Bahn-Station gibt. Und dass manchmal Ausländer wie ihr zu uns kommen. Das ist schon interessant.«

Und eine weitere Neuerung hat die Expo in die Stadt gebracht: Vor der Expo wurden viele Restaurants und Straßenküchen einem Hygiene-Check unterzogen. Zhang Lin präsentiert das Resultat ihres Checks, das über der Kasse hängt: Ein grüner lächelnder Smiley zeugt von dem sehr guten Ergebnis. Gelb wäre Mittelmaß und ein roter Smiley mit nach unten gezogenen Mundwinkeln wäre durchaus besorgniserregend. Auch dann wäre der Restaurantbetreiber aber verpflichtet, das Schild aufzuhängen.

Außer Zhang arbeiten hier zwei Köche und zwei Küchenassistenten sowie vorne im Service noch weitere zwei Frauen. Zhang mag ihre Arbeit, sie versteht sich gut mit den Kollegen. Viel Freizeit bleibt ihr zwar nicht, doch die verbringt sie am liebsten mit Computerspielen oder Chatten. Die Expo zu besuchen hat sie keine Zeit, während der Öffnungszeiten arbeitet sie. »Es ist aber schon spannend, ab und zu ein paar Ausländer hier zu sehen. Manchmal versuche ich, mit ihnen zu sprechen, aber es ist schwierig, weil mein Englisch nicht ausreicht. Manche Ausländer, die herkommen, arbeiten in den Pavillons, die können ein bisschen Chinesisch.« *Ein wenig schwappt die Welt also doch rüber in das kleine Restaurant oder die große Garküche. <<<*

QIEZIBAO

AUBERGINE IM TONTOPF

650 g Auberginen (nach Möglichkeit chinesische)
Salz
Rapsöl
2 EL Sambal Oelek
1 frische rote Chili, fein gehackt
2 TL Ingwer, geschält und fein gehackt
3 Knoblauchzehen, geschält und fein gehackt
2 Frühlingszwiebeln, in feine Ringe geschnitten
80 g Rinder- oder Schweinehack nach Belieben
150 ml Gemüse- oder Hühnerbrühe
½ TL dunkle Sojasauce
1 TL Sesamöl

- Die Auberginen der Länge nach vierteln. Daraus etwa 3 cm lange Stücke schneiden, diese mit Salz besprenkeln und etwa 30 Minuten ziehen lassen. Dann mit einem Küchenkrepptuch trocken tupfen.

- Das Öl in einer großen Pfanne oder einem Wok auf höchster Stufe erhitzen, die Auberginen hineingeben und braten, bis sie weich und teilweise golden sind, dann mit einer Schaumkelle herausnehmen und auf Krepppapier beiseitestellen.

- Das Sambal Oelek, den Chili, den Ingwer, den Knoblauch und die Frühlingszwiebeln (und nach Belieben das Hackfleisch) im Öl anbraten.

- Die Brühe und die Sojasauce einrühren, die Auberginen hinzugeben und alles ein paar Minuten köcheln lassen. Falls noch zu viel Flüssigkeit vorhanden ist, bei stärkerer Hitze länger köcheln lassen.

- Die Auberginen vom Herd nehmen, das Sesamöl unterrühren, mit Salz abschmecken und nach Möglichkeit im Tontopf servieren.

MALA DOUFU
BETÄUBEND SCHARFER TOFU

Öl
2 EL Chilipaste
1 EL Sichuan-Pfeffer, zerstoßen
3 cm Ingwer, geschält und fein gehackt
3 Knoblauchzehen, geschält und frisch gepresst
2 EL Sambal Oelek
Zucker
Salz
3 EL Tomatenmark
500 g Seidentofu
Pfeffer

- In einem Wok etwas Öl erhitzen.

- Die Chilipaste, den Sichuan-Pfeffer, den Ingwer, den Knoblauch, das Sambal Oelek, etwas Zucker und Salz hineingeben und alles kurz anrösten.

- Das Tomatenmark dazugeben und die Gewürzmischung köcheln lassen.

- Den Tofu in Würfel von etwa 2 cm Kantenlänge schneiden, dazugeben und kurz mit anbraten.

- Mit Salz und Pfeffer abschmecken und heiß servieren.

PAI HUANGGUA
DIE KUNST, DIE GURKE ZU SCHLAGEN, OHNE DASS SIE FLIEHT

Der chinesische Begriff »Pai Huanggua« bedeutet »geschlagene Gurke«. Nur allzu oft verdient dieses Gericht sich aber auch den Namen »Pao Huanggua«, was so viel heißt wie »Gurke auf der Flucht«. Die Kunst besteht nämlich darin, die Gurke in einer Weise mit dem Griff eines großen Messers zu traktieren, dass sie in kleine, saftige Teile zerfällt, und sie eben nicht nur von der Seite zu erwischen, was sie zur sofortigen »Flucht« vom Küchentisch veranlassen würde. Dass die Gurke trotz dieser schwierigen Methode auf diese Weise zubereitet werden muss (und nicht etwa einfach nur in Scheiben geschnitten werden darf), liegt an der besonderen Textur und Saftigkeit, die sie dadurch erhält. Zudem nimmt sie den Geschmack der Gewürze so besser an.

2 chinesische Gurken (alternativ kleine türkische oder spanische)
3 Knoblauchzehen, geschält und fein gehackt
2 EL Weißweinessig
1 EL Sesamöl
½ TL Salz

- Mit dem stumpfen Griff eines großen Messers auf die Gurken schlagen, bis sie in einzelne, etwa 2 cm große Stücke zerfallen.
- Die anderen Zutaten vermischen und über die Gurkenstücke geben.
- Etwa 30 Minuten ziehen lassen, dann servieren.

GONGBAOJIDING

HUHN MIT IMPERIALER VERGANGENHEIT

Dieses Gericht, das eigentlich aus der für ihre Schärfe bekannten Provinz Sichuan stammt, ist benannt nach einem kaiserzeitlichen Provinzgouverneur von Sichuan, der dieses Gericht besonders gemocht haben soll, er hieß Ding Baozhen. Während der Kulturrevolution galt er jedoch als politisch unkorrekt, und das Gericht wurde umbenannt in »Schnell gebratenes Huhn«, Hongbaojiding. Erst in den 1980er Jahren wurde der Provinzgouverneur rehabilitiert und das Gericht erhielt seinen ursprünglichen Namen zurück. Aufgrund seiner raffinierten Kombination von Süße und Schärfe ist seine Beliebtheit trotz aller politischen Querelen ungebrochen.

350 g Hühnerbrustfilet, klein gewürfelt
5 EL Sojasauce
4 EL Reiswein
3 EL Reisessig (alternativ einfacher Apfelessig)
1 EL Sesamöl
15 g Stärke (z. B. Kartoffelstärke)
Rapsöl
100 g geschälte ungesalzene Erdnüsse
2 Knoblauchzehen, geschält und in feine Scheiben geschnitten
etwas Ingwer, geschält und in feine Scheiben geschnitten (etwa die gleiche Menge wie Knoblauch)
1 EL brauner Zucker
4 getrocknete rote Chilischoten, klein geschnitten

- Die Huhnwürfel mit 1 EL Sojasauce, 1 EL Reiswein und der Hälfte der Stärke in einer Schüssel mischen und beiseitestellen.
- In einer weiteren Schüssel den Essig, das Sesamöl, etwa 5 EL Wasser, 4 EL Sojasauce, 2 EL Reiswein sowie die restliche Stärke gut verrühren.
- In einem Wok oder einer großen Pfanne das Rapsöl erhitzen und die Erdnüsse darin braten, bis sie goldbraun werden, herausnehmen und beiseitestellen.
- Nun den Knoblauch und den Ingwer in den Wok geben und etwa 10 Sekunden scharf anbraten.
- Das Huhn mit dem braunen Zucker und den Chilischoten hinzugeben und etwa 2 Minuten braten, bis es fast durch ist.
- Die Essigmischung hinzufügen und kurz andicken lassen.
- Kurz vor dem Servieren die Erdnüsse hinzufügen.

YUMILAO

FRITTIERTER MAISPFANNKUCHEN

Zugegeben: Dies ist nicht gerade ein traditionell chinesisches Gericht. Die häufig als Topping verwendete sehr unchinesische Mayonnaise mag darauf bereits hinweisen. Und doch ist es aus der chinesischen Alltagsküche nicht wegzudenken. Mit Zucker gesüßt, ist es ein Festessen für Kinder, mit Mayonnaise findet man es auch in vielen Garküchen. In der relativ nachtischarmen Welt der chinesischen Alltagsküche kann dieser Snack gut als Nachtisch deklariert werden – in China isst man ihn allerdings ganz normal zu allen anderen Gerichten dazu.

2 EL Kartoffelstärke
2 EL Weizenmehl
2 TL Zucker
½ TL Salz
1 Dose süßer Mais, abgetropft, aber noch nass
Öl nach Belieben
Mayonnaise oder Zucker zum Garnieren

- Die Kartoffelstärke, das Weizenmehl, den Zucker und das Salz mischen.
- Den nassen Mais auf einen großen Teller geben und mit der Mehlmischung bestreuen. Gut vermischen, bis alle Maiskörner umhüllt sind.
- Parallel reichlich Öl in einer großen Pfanne erhitzen.
- Die Maismischung hineingeben und mit der Hand flach zu einem Fladen drücken. 2–3 Minuten backen.
- Weiteres Öl von oben auf den Fladen geben, sodass dieser ganz von Öl bedeckt ist. So weitere 3 Minuten frittieren, bis ein fester goldgelber Fladen entstanden ist.
- Mit einer Schaumkelle den Fladen herausnehmen und auf Küchenkrepp abtropfen lassen.
- Den Fladen heiß servieren, nach Belieben mit Mayonnaise oder Zucker garniert.

XIHONGSHICHAOJIDAN
TOMATE MIT EI

Wichtig bei diesem Gericht ist es, mit dem Braten der Eier zu beginnen. Verändert man die Reihenfolge, erhält man ein ziemlich matschiges Etwas. Wem es zu süß ist, der lasse den Zucker weg.

2 Eier
1 TL Reiswein
2 EL Wasser Rapsöl
3 kleine oder zwei große Tomaten
2 Frühlingszwiebeln, in feine Ringe geschnitten
1 TL Zucker
1 TL Salz
Schnittlauch

- Die Eier mit dem Reiswein und dem Wasser verrühren und in einer Pfanne mit etwas Öl anbraten. Aus der Pfanne nehmen und beiseitestellen.

- Die Tomaten häuten, vierteln oder achteln.

- Die Frühlingszwiebeln im heißen Öl braten, wenn sie weich werden, die Tomaten dazugeben.

- Das Ei hinzufügen und mit Zucker und Salz abschmecken.

- Mit fein geschnittenem Schnittlauch garnieren.

YUXIANGNIUROU

MIT FISCHDUFT GEWÜRZTES RINDFLEISCH

Der Name dieses Gerichts ist irreführend, da für seine Zubereitung keinerlei Fisch verwendet wird. Vielmehr geht er darauf zurück, dass die hier verwendete Würzung traditionell für Fischgerichte benutzt wurde. Es müsste also korrekter heißen: »Rindfleisch mit Gewürzen, die hier nicht hingehören, sondern zum Fisch!«

1 Eiweiß
1 TL Kartoffelstärke
200 g mageres Rindfleisch, in feine Streifen geschnitten
Öl
1 Zwiebel, in grobe Würfel geschnitten
2 Knoblauchzehen, geschält und fein gehackt
1 cm Ingwer, geschält und fein gehackt
2 grüne Paprika, in feine Streifen geschnitten
1 EL Reiswein
1 TL Zucker
2 EL Sojasauce
1 EL Essig
Sesamöl

- Das Eiweiß und die Stärke in einer Schüssel verquirlen und das Rindfleisch hineingeben. Gut verrühren und etwa eine Stunde beiseitestellen.

- Reichlich Öl im Wok erhitzen, die Fleischstreifen hineingeben und ständig mit einem Bratenwender oder mit Stäbchen voneinander trennen, damit sie nicht verkleben. Einige Minuten frittieren und aus dem Öl heben, auf Küchenkrepp abtropfen lassen.

- Den Wok auswischen und von Neuem etwas Öl darin erhitzen. Die Zwiebeln, den Knoblauch und Ingwer anbraten, dann die Paprikastreifen hinzugeben und alles einige Minuten unter ständigem Rühren weiterbraten.

- Das Rindfleisch hinzugeben, mit Reiswein, Zucker, Sojasauce und Essig abschmecken, alles gut vermischen und mit dem Sesamöl besprenkeln.

JIACHANGDOUFU

KROSS GEBRATENER TOFU NACH HAUSMACHERART

Dass Tofu in vielen westlichen Ländern als geschmacklich fad und farblos gilt, ist unverdient und liegt meist an einer unzulänglichen Zubereitung. Der kross gebratene Tofu in diesem Rezept ist einer von vielen Shanghaier Gegenbeweisen.

250 g fester Tofu, natur Rapsöl
2 EL dunkle chinesische Sojasauce
2 kleine oder 1 große grüne Paprika
2 mittelgroße Karotten
3 Knoblauchzehen
3 cm Ingwer
½ TL Sesamöl
1 EL Sambal Oelek
2 EL Reis- oder Kartoffelstärke, fein gesiebt
350 ml Gemüsebrühe (aus Brühwürfel)
etwas frischer Koriander zum Garnieren

- Den Tofu in 5 mm breite Scheiben schneiden. In einer Pfanne oder einem Wok reichlich Rapsöl auf höchster Stufe erhitzen. Den Tofu hineingeben, von beiden Seiten goldbraun und knusprig backen und mit der Sojasauce ablöschen. Den Tofu aus dem Wok heben und auf Küchenkrepp trocknen lassen.

- Die Paprika in Würfel von 2 cm Kantenlänge schneiden sowie die Karotten in 2 mm dünne Scheiben. Die Knoblauchzehen schälen und zerdrücken, den Ingwer schälen und in dünne Scheiben schneiden.

- Das in der Pfanne verbliebene Öl erneut erhitzen, die Paprika, die Karotten und den Ingwer darin kurz scharf anbraten. Den Knoblauch, das Sesamöl und Sambal Oelek dazugeben.

- Die Reisstärke in der warmen Gemüsebrühe auflösen, zum Gemüse gießen und das Ganze andicken lassen. Den Tofu darunterrühren.

- Mit ein paar frischen Korianderblättern garnieren und heiß zu Reis servieren.

MashiMaro

JIACHANGCAI 2

HAUSMANNSKOST AUS DEM FEUER GEHOBEN

Name: Shan Zhenghong (f)
Alter: 46
Herkunft: Jiangsu
Lage der Garküche: Taierzhuang Road, Pudong
Küche: Shanghaier Hausmannskost »Jiachangcai«

>>> Shan Zhenghong betreibt eine typische Garküche. An einer belebten Straße im nördlichen Pudong, weitab von der bekannten Shanghaier Skyline mit Fernsehturm und Jinmao-Tower, ist sie zu finden. Die Kundschaft besteht hier vor allem aus Arbeitern der nahe gelegenen Werften. Ihr vielleicht 15 Quadratmeter großes Ladengeschäft ist eines von vielen, sie liegen alle nebeneinander, sind zur Straße hin offen und können wie Garagen mit großen Rolltoren geschlossen werden.

Alles, was diese Küche und das tägliche Leben und Arbeiten darin ausmacht, ist sichtbar. Neben den vier Plastiktischchen mit roten Plastikhockern sind Regale an die Wand geschraubt, in denen sich Gemüse, Reis, Nudeln und Gewürze stapeln. Dazwischen ein altes, ölverschmiertes Radio, eine fleckige Schürze am Regal hängend, ein paar Messer liegen verstreut herum. Eine große Mülltonne, verrostet und verschmiert, steht daneben. Vorne zur Straße hin steht ein langer Tisch, auf dem – fein säuberlich in Klarsichtfolie verpackt – fertig vorbereitete Zutaten für Gerichte liegen. Maiskörner, Pinienkerne, Sellerie und gehackte Frühlingszwiebeln sind durch die Folie erkennbar, auf einem anderen Teller geschnittener Chinakohl und Chilischoten.

Neben diesem Tisch, ein wenig auf den Gehweg gerückt, steht Shan Zhenghong an einem klapprigen und verrosteten Metalltisch. Darauf erhebt sich ein riesiger Wok, von unten mit einer Gasleitung aus dem Rauminneren betrieben. Shan bereitet grüne Bohnen zu, wobei aber davon und auch von ihr selbst kaum etwas zu sehen ist: ***Eine riesige Stichflamme erhebt sich aus ihrem Wok, und während sie das Gemüse darin mit einem großen Holzstab dreht und wendet, scheint es, als dirigiere sie mit ihren Händen den Tanz des Feuers.*** Wie es ihr gelingt, nicht selbst von diesem Feuer ergriffen zu werden, ist unerklärlich. Mit ernstem Blick und geübten Händen ist sie die Herrin dieses Schauspiels, das vielleicht nicht mehr als eine Minute dauert und in dem die Grenzen zwischen Wok, Gemüse, Feuer und ihr selbst verschwimmen.

Schließlich hebt sie ein letztes Mal die Hand, das Feuer erlischt auf ihr Kommando, und sie hebt mit einem großen Löffel die fertigen Bohnen auf einen Teller und bringt sie einem jungen Paar an den Tisch.

Feuer spielt in der chinesischen Küche eine bestimmende Rolle. Und das nicht nur in der Zubereitung selbst, sondern auch in der Philosophie

扬州早点
鲜肉中包 1元3只
香菇菜中包 1元3只
豆沙中包 1元3只
香辣萝卜中包1元3只
鲜肉大包 1元/只
香菇菜大包 1元/只
豆沙大包 1元/只
香辣萝卜大包1元/只
粉丝大包 1元/只
玉米馒头 7角
刀切馒头 6角
烧卖 5角
扬州小笼 3.5元

der Ernährung. Neben den fünf Geschmacksrichtungen (süß, sauer, bitter, salzig, stark riechend) kennt die chinesische Küche traditionell die Einteilung in vier Energien: eiskalt, feuerheiß, kühl und warm. Diese Energien haben Auswirkungen auf den Körper und können bei Mangelerscheinungen oder Krankheiten entsprechend eingesetzt werden. Wer zu viel Feuer in sich hat, sollte eher kühle Gerichte zu sich nehmen und andersherum. Nahrungsmittel, denen eine heiße Eigenschaft zugeschrieben wird, sind beispielsweise Knoblauch und Chili. Kühlend wirken Lotuswurzeln und Bittermelonen.

Ob Shans Kunden ihre Gerichte auch nach diesen Kriterien auswählen? ***Shan lacht: »Wer bei uns isst, schätzt vor allem die Schnelligkeit und den Preis unserer Gerichte – und dass sie trotzdem schmecken!«*** Shan ist täglich von vier bis 23 Uhr in der Garküche, zwischen 14 und 16 Uhr gönnt sie sich eine Pause und schließt das Rolltor. Von Weitem kann man sehen, ob sie gerade Gäste hat oder nicht. Ist der Raum hell erleuchtet und erhebt sich eine Stichflamme vor dem Laden, bereitet sie etwas zu. Ist alles dunkel, ist sie vermutlich allein. Das allerdings kommt selten vor. **<<<**

SONGZI YUMI
SÜSSER MAIS MIT PINIENKERNEN

250 g frische süße Maiskörner
(oder 1 Dose süßer Mais)
Öl
1 Stange Sellerie, in feine Würfel geschnitten
1 Frühlingszwiebel, in feine Ringe geschnitten
3 EL Pinienkerne
Salz
Zucker

- Bei frischem Mais: Die einzelnen Körner etwa 3 Minuten in reichlich kochendem Wasser garen, abgießen und beiseitestellen.

- In einem Wok oder einer großen Pfanne etwas Öl auf höchster Stufe erhitzen. Die Selleriewürfel und die Frühlingszwiebelringe hineingeben und etwa 30 Sekunden braten. Dann die Pinienkerne dazugeben und weitere 30 Sekunden braten. Den Mais dazugeben und 3 Minuten mit braten.

- Mit Salz und etwas Zucker abschmecken und das Ganze weitere 30 Sekunden braten. Heiß servieren.

SUANLA TUDOUSI
SAUERSCHARFE KARTOFFELSTREIFEN

250 g Kartoffeln, geschält und längs in feine Streifen geschnitten
Öl
3 getrocknete Chilischoten, fein gehackt
3 EL Essig
2 EL Sojasauce
Salz
Sesamöl

- Die Kartoffelstreifen in einer Schüssel mit kaltem Wasser 10 Minuten stehen lassen, danach einmal mit frischem Wasser durchspülen und abtropfen lassen.

- Das Öl in einem Wok oder einer großen Pfanne erhitzen und die Kartoffelstreifen etwa 2 Minuten darin anbraten.

- Wenn kein Wasser mehr im Wok ist, die Chilis, den Essig und die Sojasauce dazugeben, weitere 2 Minuten braten.

- Wenn die Kartoffeln noch knackig sind, aber nicht mehr roh schmecken, herausnehmen und mit Salz und Sesamöl abschmecken.

SUANNI XILANHUA
BROKKOLI MIT KNOBLAUCH

1 Brokkoli, in Röschen zerlegt
2 EL Kartoffelstärke
100 ml Wasser
Öl
8 Knoblauchzehen, geschält und grob gehackt
Salz
etwas Essig nach Belieben

- Den Brokkoli in etwas Wasser kurz angaren, die Röschen sollen aber noch deutlich bissfest sein.

- Die Kartoffelstärke in dem warmen Wasser auflösen und bereitstellen.

- In einem Wok oder einer großen Pfanne das Öl erhitzen, den Knoblauch hineingeben und 1 Minute andünsten, den Brokkoli hinzugeben, gemeinsam weitere 2 Minuten anbraten. Der Brokkoli muss bissfest bleiben und darf nicht weich werden.

- Die aufgelöste Kartoffelstärke darunterrühren und kurz erhitzen, bis eine sämige Sauce entsteht. Mit Salz (und wer mag etwas Essig) abschmecken und servieren.

LAJIAO MAODOU
JUNGE SOJABOHNEN MIT PAPRIKA

Edamame, die frische junge Sojabohne, ist in Europa noch relativ unbekannt, aber langsam wird sie als gesunde nährstoffhaltige Beilage oder als Snack geschätzt. In China wird sie seit eh und je als warmes Gericht oder auch als kalte Vorspeise zubereitet.

1 kg Edamame (frische junge Sojabohnen)
Öl
1 grüne Paprika, in feine Ringe geschnitten
1 Chilischote, in feine Ringe geschnitten
3 Knoblauchzehen, geschält und frisch gepresst
Salz

- Die Edamame etwa 5 Minuten in heißem Salzwasser kochen.

- Die Edamame abkühlen lassen und die kleinen Bohnen aus den Schalen lösen, die Schalen wegwerfen.

- In einem Wok das Öl erhitzen, die Paprika, die Chilischote und den Knoblauch hineingeben und kurz anbraten.

- Die Sojabohnen dazugeben, kurz mit anbraten und nach Geschmack salzen.

JIANGYOUMIAN

EINFACHE NUDELN MIT SOJASAUCE

Dies ist die wohl einfachste Art, chinesische Nudeln zuzubereiten. Das Pendant in Italien wäre wohl Pasta mit Olivenöl. Es kommt schlicht auf die Güte der wenigen Zutaten an, dann ist dies ein einfaches, aber schmackhaftes Alltagsgericht.

2 EL Sojasauce
1 EL Sesamöl
1 TL Zucker
1 TL Essig
250 g chinesische Nudeln
(runde, etwas dickere Sorte)
etwas Chilisauce nach Belieben

- Die Sojasauce, das Sesamöl, den Zucker und den Essig in einer Schüssel verrühren.
- Die Nudeln in reichlich Salzwasser kochen, abtropfen lassen und die Sauce darunterrühren. Nach Wunsch noch mit etwas Chilisauce beträufeln.
- Heiß oder kalt servieren.

YANGPAI

NOMADENROMANTIK INMITTEN DER BETONSTEPPE SHANGHAIS

Name: Zou Hui (m)
Alter: 34
Herkunft: Anhui
Lage der Garküche: Taierzhuang Road, Pudong
Küche: Lammrippchen vom Grill

>>> Ob er Mongole sei? »Nein«, lacht Zou Hui, schmächtig und mit einem weißen Kittel bekleidet. »Ich komme aus Anhui.« Er könne doch aber auch ein Mongole aus Anhui sein? Nein, ein ganz normaler Han-Chinese aus Anhui sei er, wiederholt Zou und wendet die Lammrippchen auf seinem Grill. Gegrillte Lammrippchen nach mongolischer Art sind das einzige Gericht, das sein kleiner Stand anbietet. Auf einem mit Holzkohle befeuerten Metallstand grillt Zou mehrere Rippen gleichzeitig, täglich verkauft er davon ungefähr vier Kilogramm. Nicht viel, wenn man bedenkt, dass er das Kilo zu einem Preis von umgerechnet sechs Euro verkauft. Der tägliche Umsatz liegt also bei etwa 24 Euro, und der Gewinn wird dann noch geteilt. Zou hat diesen Stand gemeinsam mit einem Freund eröffnet, und sie wechseln sich ab mit den Schichten. In der Regel läuft der Verkauf zwischen 13 und 19 Uhr, täglich.

Vielleicht ist der geringe Verdienst von Zou der Grund, weshalb die umliegenden Standbesitzer ihm nicht viel zutrauen? In typischer Shanghaier Manier zollen sie demjenigen Respekt, der geschäftlichen Erfolg hat. Eine Vision oder ein Traum, der unmittelbar noch wenig Gewinn abwirft, ruft Verwunderung, vielleicht Geringschätzung hervor. Kaum sprechen wir mit Zou, versammeln sich nach und nach die Nachbarstandbesitzer um uns herum und versuchen, uns zu überzeugen, dass ihr Stand deutlich erfolgreicher sei und auch schon viel länger existiere! »Zou ist ein Spinner, was muss er überhaupt mongolische Küche anbieten! Noch keine drei Monate steht er hier, und mehr als weitere drei Monate werden das auch nicht!«, raunt uns eine ältere Frau zu, deren Tochter ein paar Meter weiter seit Jahren einen Stand betreibt. Weshalb er sein Lamm so günstig anbiete, fragen wir Zou. ***»Ich bin neu hier, man kennt mich noch nicht, und ich möchte mit guter Qualität und guten Preisen überzeugen.«*** Die Lammrippchen grillen eine knappe Stunde, bevor sie gar sind und verkauft werden können. Zou versucht aber, immer mindestens eine Portion bereits fertig zu haben, sodass die Kunden nicht zu lange warten müssen.

Wie kommt ein Han-Chinese aus Anhui dazu, in Shanghai einen mongolischen Lammgrillstand zu betreiben? Zou lächelt: »Schon als kleiner Junge hatte ich große Sehnsucht nach der Mongolei. ***Ich habe mir immer die großen Weiten vorgestellt, die Steppen, die Männer auf ihren Pferden, die Jurten. Das erschien mir immer schon als schönster Ort der Welt.«*** Selbst kennengelernt hat er bisher noch keine Mongolen. Auch in die chinesische Provinz Innere Mongolei, in der knapp 70 Prozent der insgesamt knapp sechs Millionen chinesischen Mongolen leben, ist er bisher noch nicht gereist. In Anhui, der Heimat von Zou, trifft man

fast keine Mongolen. »Natürlich möchte ich gern einmal in die mongolische Steppe reisen. Wenn unser Stand hier gut angelaufen ist, kann ich es mir eines Tages vielleicht leisten. Momentan ist das nicht drin.«

Zou lebt allein, verheiratet ist er noch nicht. Die Nachbarn freuen sich weiter an ihren eigenen Scherzen. »Heirate doch die Ausländerin hier und geh mit ihr nach Deutschland.« Zou ist das peinlich, er scheint die Witzeleien seiner Nachbarn wenig unterhaltsam zu finden.

Herausgefordert von den pessimistischen Prognosen der Nachbarn und vielleicht auch ein klein wenig eingenommen von der charmanten, träumerischen Art von Zou, beschließen wir, zumindest den heutigen Umsatz zu steigern, und bestellen drei Kilogramm Lammrippchen, fast seine ganze Tagesration, zum Mitnehmen. In einer Stunde sollen wir die Rippen abholen kommen, zahlen können wir dann. Nach einem kleinen Spaziergang in der Umgebung schlendern wir zurück zu Zou. Unsere Portion ist fertig und steht sorgfältig verpackt in zwei großen Plastiktüten bereit. Während wir zahlen, kommt Zou auf eine Idee: Es scheint ihm zu reichen mit dem Spott der Nachbarn, und so grinst er uns an und fragt: »Gebt ihr mir eure Telefonnummer?« <<<

YANGPAI
LAMMRIPPCHEN VOM GRILL

In der Mongolei und auch an vielen Grillständen in Shanghai werden so große Rippen gegrillt, dass es sich eher um Schafrippen handeln muss. Etwas feiner und vor allem leichter zu handhaben sind die kleineren Lammrippchen, die beim Schlachter (bevorzugt beim türkischen Schlachter) zu bekommen sind.

2 kg Lammrippchen
Salz
3 EL Kreuzkümmelpulver (Cumin)
2 EL Chiliflocken
5 EL Rapsöl

- Die Lammrippchen in einzelne Rippchen zerlegen (oder, wenn man einen großen Grill hat, auch im Ganzen lassen) und mit etwas Salz einreiben.

- Den Kreuzkümmel, die Chiliflocken und das Rapsöl in einem Schälchen verrühren und bereitstellen.

- Die Lammrippchen mit etwas Ölgewürz-Mischung bestreichen.

- Auf dem Grill: Die Lammrippchen nach Möglichkeit bei geschlossenem Deckel etwa 1 Stunde grillen, je nach Größe der Rippchen die Zeit anpassen. Während des Grillens die Rippchen immer wieder mit der Ölgewürz-Mischung bestreichen. Wenn die Rippchen fast gar sind, den Grillrost niedriger über das Feuer hängen und von allen Seiten 5 Minuten scharf anbraten.

- Im Ofen: Die Lammrippchen etwa 1 Stunde bei 170 Grad auf dem Backblech garen, jeweils nach 20 Minuten erneut mit der Ölgewürz-Mischung bestreichen und am Ende 3–5 Minuten direkt unter dem Ofengrill von beiden Seiten scharf anbraten.

- Sofort heiß servieren. Die Lammrippchen sind aber auch kalt für ein Picknick gut geeignet.

JIDANGAO

UND DIE CHINESEN ESSEN DOCH GERN SÜSSES

Name: Peng Langhui (m)
Alter: 19
Herkunft: Jiangxi
Lage der Garküche: Taierzhuang Road, Pudong
Küche: Kuchen und Kekse

>>> 50 Kilogramm Mehl, 50 Kilogramm Zucker und ungefähr 150 Eier: Das ist der Verbrauch an einem einzigen Tag in der winzigen Backstube von Peng Langhui. In dem nicht mehr als 15 Quadratmeter großen Raum stapeln sich Mehl- und Zuckersäcke, Eierpaletten wie auch Säcke mit Sesam, roter Bohnenpaste oder Mohn. In den frühen Morgenstunden zwischen 4 und 7 Uhr backt Peng seine Süßwaren für den ganzen Tag, ab 7 Uhr hat sein Geschäft dann geöffnet, in der Regel bis 21 Uhr. ***Es gibt einfache Eierkuchen, Erdnusskekse, mit Sesam oder Mohn gefüllte Blätterteigtaschen und vieles mehr. Und nahezu alles besteht zu fast 50 Prozent aus Zucker.***

Dass man in Europa sagt, die Chinesen hätten keinen süßen Zahn, versteht Peng nicht. »Mein Geschäft läuft sehr gut, viele nehmen sich ein paar kleine Kuchen mit auf den Arbeitsweg oder kaufen etwas für ihre Familien. Meine Großeltern erzählen immer, dass es Zeiten gab, in denen es in Shanghai fast unmöglich war, ein Gramm Zucker aufzutreiben. Das ist vorbei, heute essen alle hin und wieder gern etwas Süßes!«

Peng erzählt mit leiser, kaum hörbarer Stimme. Er fällt aus der Reihe hier in der Taierzhuang Road. Kein großes Feuer, kein lautes Brutzeln, keine Dämpfe dringen tagsüber aus seinem Laden hervor. Nur frühmorgens, wenn Peng seinen Ofen anwirft und die Kekse und Kuchen für den Tag backt, ziehen verführerische Backdüfte durch die nächtlichen Gassen. Doch auch sonst ist er hier ein Sonderfall: Fast alle anderen Läden der Straße werden von Frauen zwischen 40 und 50 geführt, die resolut ihr Geschäft im Griff haben und sich in kleinen Verschnaufpausen für ein Schwätzchen auf dem Gehweg zusammenfinden.

Peng ist gerade einmal 19 Jahre alt und recht schüchtern, er spricht nicht viel mit den anderen. Hinter seinen hoch aufgeschichteten Kuchen- und Keksplatten scheint er sich fast verstecken zu wollen.

Dennoch hat er eine erstaunliche Entschlossenheit auf seinem bisherigen Lebensweg gezeigt. Schon als kleiner Junge in der südostchinesischen Provinz Jiangxi an den Ufern des Yangtze-Flusses wünschte er sich, Bäcker zu werden. Geboren Anfang der 1990er Jahre, sind die wirtschaftlich harten Zeiten seiner Eltern und Großeltern für ihn unvorstellbar. »Ich habe immer gern Kuchen gegessen und wollte schon als Fünfjähriger unbedingt den Bäckerberuf erlernen. Nach der Hauptschule bin ich in einen Ort südlich in Jiangxi gezogen, um dort von einem Meister zu lernen. Meine Eltern haben das unterstützt.« Angestellt arbeiten wollte er aber nie. Von Anfang an war es sein Ziel, ein eigenes kleines Geschäft zu eröffnen, was ihm im selben Jahr nach Beendigung seiner Ausbildung gelang.

Seine Spezialität sind gedämpfte Dattelkuchen, daher auch der Name seines Ladens, Zaogaowang, »König des Dattelkuchens«. »Ein guter Name, oder?«, grinst er etwas verlegen, aber stolz. Was er sich erträume? »Ich möchte einen größeren Laden haben, ist doch ganz schön eng hier drin. Und dann heiraten.« Kein Zweifel, dass ihm das bald gelingen wird. <<<

JIDANGAO
EINFACHER EIERKUCHEN

Dieser Kuchen findet sich in ganz China in den unterschiedlichsten Ausprägungen. Manche Stände backen den Teig in kleinen Mickeymaus-Formen, in Hasen- oder Drachenform – je nachdem, welches Tierkreiszeichen gerade herrscht – oder einfach in kleinen Kugeln. Sie können auch Muffin- oder Madeleine-Formen benutzen oder ihn im Ganzen als große Kugel backen und dann in Scheiben schneiden.

6 Eier
250 g Zucker
1 TL Vanillezucker (nach Wunsch)
300 g Weizenmehl
2 TL Backpulver
6 TL Mineralwasser
3 EL Sesam
(oder Puderzucker, Kakao, Zimt, Marmelade)

- Die Eier und den Zucker (und wer mag den Vanillezucker) schlagen, bis die Masse schaumig und fest wird und sich im Volumen fast verdoppelt hat.

- Nach und nach abwechselnd das mit Backpulver vermischte Mehl und Mineralwasser darunterrühren.

- Nun kann der Teig auf dem Wok gedämpft oder im Ofen gebacken werden, je nach Möglichkeit und Vorliebe.

- Dämpfen: Einen Bambusdämpfkorb mit Backpapier auslegen, den Teig hineingeben, den Korb auf einem zur Hälfte mit kochendem Wasser gefüllten Wok auf dem Herd platzieren und auf mittlerer Stufe etwa 30 Minuten dampfgaren.

- Backen: Den Ofen auf etwa 180 Grad vorheizen. Den Teig in die gefetteten Formen füllen und je nach Größe der Form zwischen 20 und 30 Minuten backen.

- Den fertigen Kuchen herausnehmen, abkühlen lassen und erst zuschneiden, wenn er ganz abgekühlt ist.

- Nach Geschmack mit Sesam, Puderzucker, Kakao, Zimt oder Marmelade bestreichen oder pur essen.

REZEPTVERZEICHNIS CHINESISCH

B

包子
Baozi [Baudse]
Gedämpfte Brötchen 12

C

炒面
Chaomian [Tschaumjen]
Gebratene Nudeln 96

炒面片
Chaomianpian [Tschaumjenpjen]
Gerissene Nudeln 37

茶叶蛋
Chayedan [Tschajedan]
Marmorierte Tee-Eier 11

臭豆腐
Chou Doufu [Tschou Doufu]
Frittierter Stinketofu 77

葱饼
Congbing [Tsungbing]
Teigfladen mit Frühlingszwiebeln 65

D

大盘鸡
Dapanji [Dapandschie]
Große Hühnerplatte 88

地瓜
Digua [Digwa]
Süßkartoffeln 21

豆浆
Doujiang [Doudschiang]
Sojamilch 70

G

干煸四季豆
Ganbiansijidou [Ganbjensidschidou]
Trocken gebratene grüne Bohnen 90

宫保鸡丁
Gongbaojiding [Gungbaudschieding]
Huhn mit imperialer Vergangenheit 113

H

馄饨
Hundun [Hundun]
Teigtaschen in der Brühe 53

J

家常豆腐
Jiachangdoufu [Dschiatschangdoufu]
Kross gebratener Tofu, Hausmacherart 117

酱油面
Jiangyoumian [Dschiangjomian]
Einfache Nudeln mit Sojasauce 125

饺子
Jiaozi [Dschiaudse]
Teigtaschen 50

鸡蛋糕
Jidangao [Dschidangau]
Eierkuchen 133

K

南瓜水餃
Kawa Mantisi [Kawa Mantisi]
Uigurische Kürbisteigtaschen,
chin. Nangua Shuijiao 91

L

辣椒毛豆
Lajiao Maodou [Ladschiau Maudou]
Junge Sojabohnen mit Paprika 124

兰州拉面
Lanzhou Lamian [Landschou Lamjen]
Gezogene Nudeln 36

老虎菜
Laohucai [Lauhutsai]
Tigersalat 89

萝卜丝饼
Luobosibing [Luobosibing]
Rettichpuffer 103

M

麻辣烫
Malatang [Malatang]
Chinesisches Fondue 29

麻辣豆腐
Mala Doufu [Mala Doufu]
Scharfer Tofu 110

N

牛肉烫
Niuroutang [Njouroutang]
Rinderbrühe 35

P

拍黄瓜
Pai Huanggua [Pai Chuang-gwa]
Geschlagene Gurke 112

抓饭
Polo [Polo]
Uigurisches Reisgericht, chin. Zhua Fan 86

Die Lautschrift ist ein frei erfundener Versuch, für deutschsprachige Leser die Begriffe einfach aussprechbar zu machen und entspricht keiner Standardphonetik.

Q
茄子煲
Qiezibao [Tschjedsebau]
Aubergine im Tontopf 109

R
肉加馍
Roujiamo [Roudschjamo]
Hamburger 42

S
烧烤炉
Shaokaolu [Schaukaulu]
Grillspieße/Barbecue 58

烧卖
Shaomai [Shaomai]
Würzige Klebreistaschen 15

松子玉米
Songzi Yumi [Sungdse Yümi]
Mais mit Pinienkernen 123

酸辣土豆丝
Suanla Tudousi [Suanla Tudousi]
Sauerscharfe Kartoffelstreifen 123

蒜泥西兰花
Suanni Xilanhua [Swanni Schilannchua]
Brokkoli mit Knoblauch 123

T
甜饼/咸饼
Tianbing/Xianbing [Tjenbing/Schjenbing]
Süss/salzig gefüllte Fladen 104

X
西红柿炒鸡蛋
Xihongshichaojidan [Schihungschitschaudschidan]
Tomate mit Ei 115

Y
羊排
Yangpai [Jangpai]
Lammrippen 129

羊肉串
Yangrouchuan [Jangroutschuan]
Lammkebab 85

羊肉汤
Yangroutang [Jangroutang]
Würzigfrische Lammsuppe 87

油条
Youtiao [Joutjau]
Frittiertes Stangenbrot 69

玉米烙
Yumilao [Ümilau]
Frittierter Maispfannkuchen 114

鱼香牛肉
Yuxiangniurou [Yüschiangnjorou]
Mit Fischduft gewürztes Rindfleisch 116

Z
粢飯
Zifan [Dsifan]
Gefüllte Klebreisbälle 71

REZEPTVERZEICHNIS DEUTSCH

HERKUNFT DER STRASSENKÜCHEN-BETREIBER

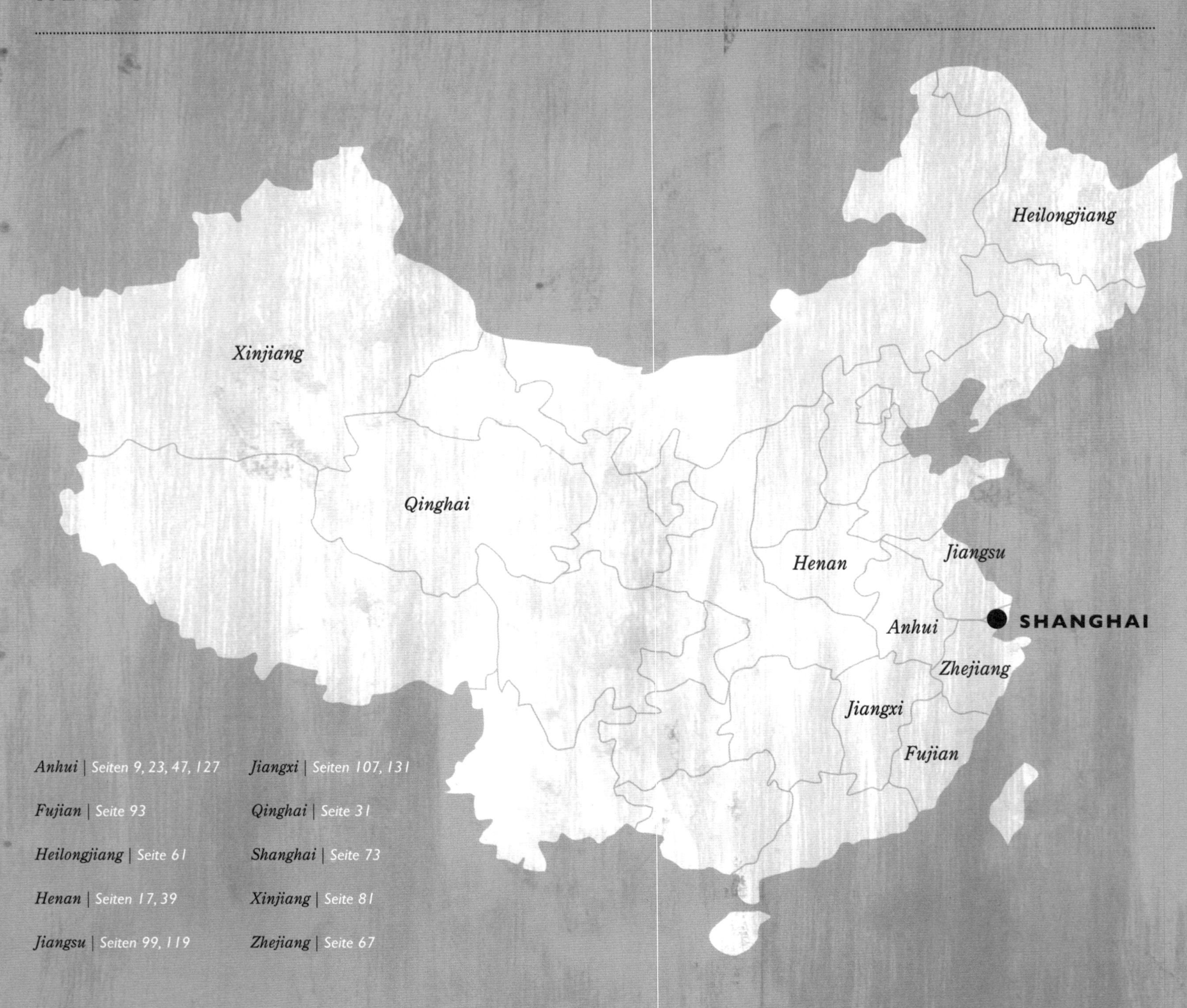

LAGE DER STRASSENKÜCHEN IN SHANGHAI

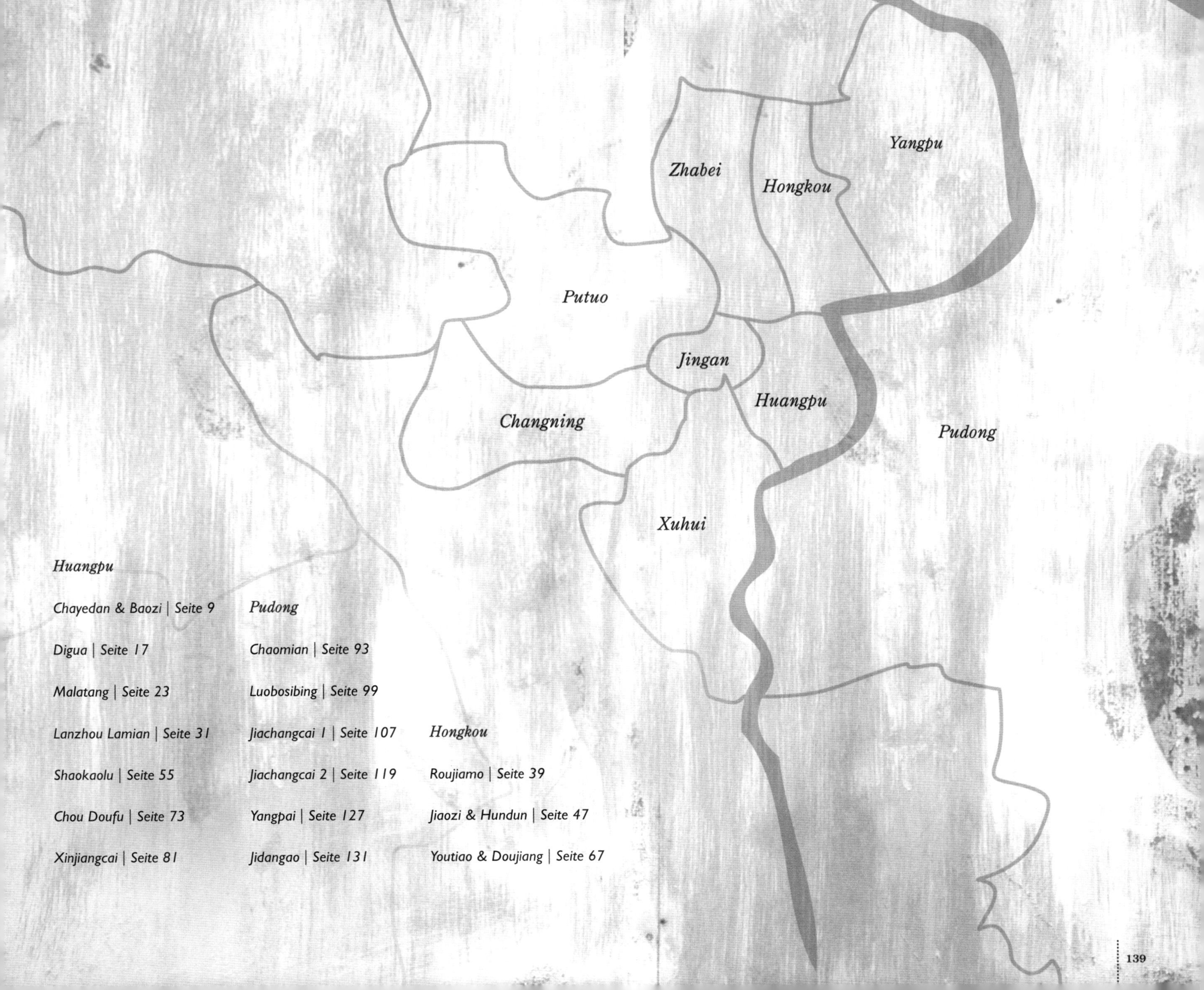

Zhabei
Hongkou
Yangpu
Putuo
Jingan
Huangpu
Changning
Pudong
Xuhui

Huangpu

Chayedan & Baozi | Seite 9

Digua | Seite 17

Malatang | Seite 23

Lanzhou Lamian | Seite 31

Shaokaolu | Seite 55

Chou Doufu | Seite 73

Xinjiangcai | Seite 81

Pudong

Chaomian | Seite 93

Luobosibing | Seite 99

Jiachangcai 1 | Seite 107

Jiachangcai 2 | Seite 119

Yangpai | Seite 127

Jidangao | Seite 131

Hongkou

Roujiamo | Seite 39

Jiaozi & Hundun | Seite 47

Youtiao & Doujiang | Seite 67

DIE AUTORINNEN

JULIA DAUTEL >>> Die Sinologin und Germanistin hat seit 1998 mit Unterbrechungen vier Jahre in Shanghai gelebt, studiert und gearbeitet. Sie ist bis heute nie müde geworden, die kleinen Gassen und Hinterhöfe Shanghais zu erkunden und bei einem Teller Nudeln oder einem Tigersalat den Erzählungen der Menschen zu lauschen. Dabei ist die Idee entstanden, die Geschichten und Rezepte der einfachen Menschen dieser alle Maßstäbe sprengenden Stadt einem europäischen Publikum zugänglich zu machen. Heute arbeitet Julia Dautel in Hamburg im Bereich des internationalen Kulturaustauschs mit einem besonderen Fokus auf europäisch-asiatische Projekte.

NICOLE KELLER >>> Bei ihrem ersten Besuch in Shanghai im Jahr 2006 erkannte die Hamburger Fotografin und Grafikdesignerin zwei Dinge: dass man Shanghai überhaupt nicht mit Hamburg vergleichen kann. Und dass man Shanghai absolut mit Hamburg vergleichen kann. Der Wunsch, Parallelen in kleinen alltäglichen Details der beiden Städte zu finden, schärfte ihren fotografischen Blick und erlaubte ihr, neben den Fotos die vielen grafischen Details zu entdecken, die das Layout dieser Publikation so besonders machen.

Publikationen:
Täglich Hamburg (Junius Verlag, 2006)
Konzept, Fotos und Layout
>>> www.taeglich-hamburg.de

Hafenbuch Hamburg (Junius Verlag, 2008)
Konzept, Fotos und Layout
>>> www.hafenbuch-hamburg.de

Hamburg – Shanghai: Ein gemeinsames Buch zur Partnerschaft
(Hamburg Liaison Office Shanghai, 2006)
Fotos

www.nicolekeller.de

DANKE

Unser besonderer Dank gilt unseren Gesprächspartnern in den Shanghaier Straßenküchen, die uns mit ihrer Offenheit, Gastfreundschaft und Lebensweisheit sehr beeindruckt haben.

特别鸣谢为此书提供素材的上海小吃摊经营者们。他们的坦诚、热情以及独特的处世之道给我们留下了深刻的印象。

Heidi Kirk, Mina Wang und Katja Hellkötter für Beherbergung und überhaupt

Roland Pape für seinen Enthusiasmus, das ausdauernde Mitessen und Gegenlesen

Oliver Schumacher für unermüdliches Drüberschauen und den »Knack« im Bild

Philip Dautel und Sarah Oelerking für meisterhaftes und ausdauerndes Probekochen

Sabine Lutz für alle Absatzformate, fachlichen Rat und mentalen Beistand

Coco Zhao für heiße Tipps

Per Schumann für die erste Ausstellung

Heike Bühler für die besten deutschen Lamian

Casa Rita für konspirative Treffen

Cora Abler, Johannes und Kristina Buchholz, Ju Danya, Christa und Fritz Dautel, Phillip und Marlene Ellmann, Eileen Gehrke, Christine Hirsch, Christian Kleensang, Philip Lazare, Maik Lindemann, Broder Maler, Hariharan Mudaliar, Dorothee Pape, Elke und Horst Pape, Dao Hung Peither, Anke Rehme, Jérôme Rojas, Heike Storp, Thomas Teckenburg, Linh Tran, Axel Urban, Jörg Willich, Rizwan Yusuf, Rüdiger Ziel für Beratung, Tipps und Probekochen

Daniela Kirsch und Arctic Paper für das wunderbare Papier

AT Verlag für »Liebe auf den ersten Blick«.

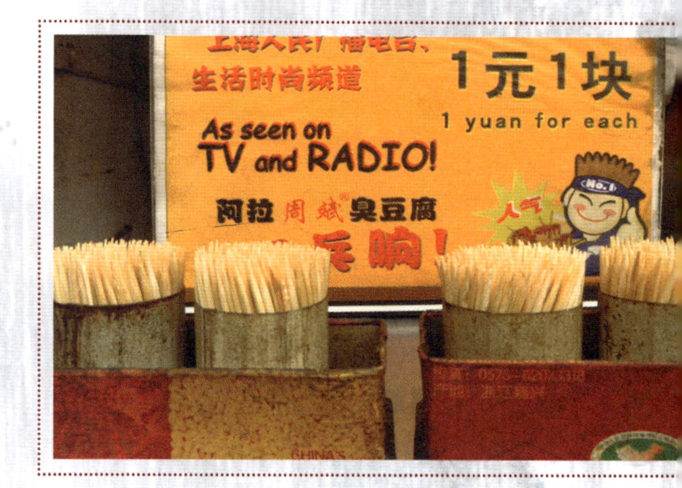